河出文庫

戦前のこわい話〈増補版〉
怪奇実話集

志村有弘 編

河出書房新社

戦前のこわい話〈増補版〉◉目次

戦前のこわい話〈増補版〉

怪奇実話集

春吉と死霊

　武蔵野線で行くと、大泉の駅から一里ばかり奥へ入ったところに片山村という村落がある。ここは武蔵野の中でも最も武蔵野らしい面影を残していて、薄《すすき》の原に埋もれ、清らかな小川に沿って、人々が静かに生活している武陵桃源郷である。

　この村の豆腐屋春吉は、昔、先祖が北条氏康の家臣であったというので、店に槍や薙刀《なぎなた》をかかげ、床の間には今でも甲冑《かっちゅう》を飾り、今は落ちぶれてはいるが、古人を忘れない精神家であった。

　この家に、ただ一つ不思議なことがあった。それはこの家の女房が二十七歳になると死ぬことであった。それで、この土地では春吉の家へ嫁にやる者はいなかった。だから、どこかよその土地から嫁を見つけてくるのが、この家の習慣であった。

　なぜ二十七歳で死ぬのか、春吉も不思議に思っていた。彼の祖父もその原因をはっきりとは知らなかった。近所の人々は祟りがあるのだと言った。春吉はそんな迷信にはびくともしなかったが、どうも変だとは思っていた。彼の女房も先年、二十七で死んだ。彼の母も彼が小学校へ行くようになって、二十七で死んだ。祖母も曾祖母も二十七で、家代々いつのころからか、この家の女房は二十七歳で死ぬことになっていた。それは実に不思議であった。けれども、その謎は春吉には解けなかった。

さて、これからこの春吉が経験した実話をありのままに述べようと思うのだが、実はこの話は片山村から帝大の理学部に通っているKという大学生から聞いた話である。

ある晩、池袋で酒を飲んでいたK君が、

「これから家へ帰るのはいやですよ。途中で狐や死霊がいたずらをするから……」

と言う。

「君みたいな科学を専攻する人の口から異《い》なことを聞くものだ。狐が人を化かすなどというのは昔話で、人知未開の時代の遺物ではないか。冗談はやめて帰るとしよう」

「今から帰ると片山へ着くのが一時、そのころ一人でなどとても歩くことはできない。僕はどこかに泊まる」

と言う。そこでその晩は、僕の家に泊まることになった。

「君みたいな科学者が狐を怖れるとは解《げ》せないな。科学の時代、この昭和の聖代に畜生を怖れるとは?」

「いや、実際、お説の通りだ。西洋文明の粋《すい》を学ぶ僕としたことが、実にお恥ずかしい。けれども科学にも自ずから限界があるのでね。霊魂の世界へメスを入れた科学者はいないのだ。だから、お化けも死ぬ前の知らせも、ただ迷信として片付けられている始末さ。いつかは人間の霊魂も科学の手によって解剖される時代がくることを僕は信じている。例えば『げんのしょうこ』が胃腸に効《き》くということは、東洋史三千年のもっと昔からの定説だった。けれども明治時代の医者はその効能を抹殺してしまい、笑うべき俗説として片付けてしまった。ところが、現代ではどうだ。その分析も進み、慢性症の患者には『げんのしょうこ』に限るという博士が多いのだ。ここですよ。霊魂がやがて科学的に証明され、その死後の姿までがはっきりする日がやがてくるだろうというのは……」

「困ったことになるね。僕などは魂を悪魔に売って、その金で生活しているようなものだから、死後の霊魂の話など好まないのだ。霊魂などはないのだよ。人体を作っている細胞の活動を仮に魂《たましい》と言ったままでさ。死ねばそのまま活動は止まり、焼き場の煙となるだけだ。アハハハ……」

するとK君はまじめな顔をして、

「実際僕も科学者としてそう思っていた。けれども今日ではその考えはぐらつき出してきた。こんな話もあるのだ……」

と語ってくれたのが、春吉の身の上話なのである。

＊　　＊　　＊

春吉は、いつもの豆腐の行商をして、その帰り道であった。近郷近在を回って、杉の森の陰から共同墓地へ出ると、春先のこととて、すみれ、たんぽぽなどが咲き乱れていた。その日はいつになくこれらの花を心から美しいと思い、ふとこんな美しい女房を持ってみたいと思った。先年先立たれた女房の器量や優しい仕草などが妙に目に浮かび、すぐそこの墓地に眠っている彼女に一輪の花でも手向《たむ》けてやろうかとも思った。けれども思うだけで、家路を急いでそのままそこを通り越すと、後ろから草履《ぞうり》の音がする。振り返ってみると、誰もいない。妙なことがあるものだ、もしや自分の草《わら》鞋《じ》の音がそんなふうに聞こえるのかもしれないと思い、気をつけてみると、どうもその足音は別ものである。スタスタ、スタスタと、その足音は続く。もしや天狗かなにかではあるまいかと思ったとたんに、ゾッと寒気がして、首がすくんだ。

片山村まではあと半みちほどのところと思うのに、丘の上に今までついぞ見かけたことのない立派な家が建っているのが見える。村でここに家が建ったという噂は一度も聞いたことがなかった。（まあいいや、商いをしてやれ）と思って、門を入ってゆくと、立派な庭園である。いつのまにこんなにたくさんの巨大な石を入れたのかしら、

と怪しい気がする。台所へまわると、一人の婆さんがいたが、妙に馴々《なれなれ》しくて、

「やっと来たんだね。昨日も待っていたんだよ。ご隠居様がお前をお待ちかねだから、早くお上がり」

と草鞋を脱がせる。そうして風呂へ入れて新しい浴衣を着せられたので、なにがなにやらわからない。長い廊下をずっと行った奥に、ご隠居様という人の部屋があった。

「お前の来るのを待っていたよ。私はお前の遠い親類の者だから、そんなに固くならないでもよい。実はお前に頼みがあるのだが、聞いておくれだろうね。北条氏康が拠った白雲城の城址の麓に延命院というお寺があるのをご存じだろう。あそこに私のお墓をお前たち一族の墓と一緒にして祀《まつ》ってもらいたいのだよ。一人だけ別にされているのは、なにぶんにも寂しいからね」

と言う。春吉は快諾して、ご隠居さんの喜ぶ顔を見た。

それから酒肴が出る、山海の珍味が出る、綺麗な小間使いの女が酌《しやく》給仕をしてくれる。春吉は久しぶりに朗らかな気持ちになった。

「もう何百年経つのだろうね。私がお前のご先祖のところへ嫁入りして二十七の秋のことだったよ。あの白雲城の人柱にあげられて生き埋めにされたのだよ。私は祟るつもりはないが、それからずうっとお前のところでは女房が二十七で死ぬことになってしまった。まあそれもお前が私の墓を移してくれさえしたらなくなることだろうよ。

時にお前も先年妻女を亡くし、さぞ不自由なことじゃろう。よい嫁女でも探して進ぜようか？　お前はどのような女子《おなご》が好きかい」

と親切に言う。春吉は尋ねられるままに、そこにいる小間使いみたいな子が好きだというと、

「おお、それは造作もないこと、これ阿嬌《あきょう》、今日からこの旦那様を大事にしなければいかんよ」

と、簡単に片付ける。阿嬌は耳たぶまで赤くしてうつむいている。その様子が初々《ういうい》しくて、本当に可愛い。

やがて、酒も済んで寝所へ案内される。そこは洒落た茶室風の離れの間で、窓の外には懸樋《かけい》の水の音が聞こえてくる。春の宵の甘い匂いは沈丁花の薫りかと思われる。ゆかしい匂いを漂わせ、やがてかすかに衣《きぬ》ずれの音がして、部屋の外でやんだ。

「もうお休みになりましたの」

という声は、あの優しい阿嬌である。胸が躍る嬉しさに、なんと返事をしたかも忘れてしまう。スルスルと開く襖《ふすま》。えもいえぬ香りのする阿嬌の胸元。柔らかい餅のような耳朶《みみたぶ》。

＊　　＊　　＊

わりなき仲となった阿矯と春吉は、ご隠居様の勧めで庭の中を散歩した。意外に広い、立派な庭なので、春吉は驚いた。その日一日はずるずると阿矯のそばから離れ難さに居続けてしまった。春吉には阿矯のお伽《とぎ》が身にしみて嬉しかった……。

夜も明けぬのに、ご隠居様の言葉だというので、家へ帰らなければならなくなった。そのときは恨めしさ、なつかしさ、慕わしさがごちゃまぜになった気持ちで、この家をあとにした。

奇妙に思ったのは、出口が非常に狭いことであった。もしかすると、墓場の穴ではないかと思うくらいであった。でも、ほのぼのと霞む春の曙をいい気持ちになって歩いていた。いい気持ちなのは、ご隠居様の言葉があったからである。つまり、

「近いうちに阿矯を嫁入りさせよう」

と言ったからだ。嬉しさで胸がふくらむような、夢の中で夢を見ているような思いで家に帰った。心配をしていた両親に、ことの次第をつぶさに語ると、

「この阿呆が！　狐にでも憑《つ》かれたのか？　眼が覚めなきゃ、松葉でもいぶしてやろうか」

など言う。しかし、春吉は胸に固く決するところがあったから、他人の言葉など気にしなかった。

商売を休んで、白雲城址へ出かけていった。延命院の古い過去帳にその名はあるが、

墓場はどうしても、どこを探しても見つからない。もしや無縁の塚に祀《まつ》られたのではないかと住職に調べてもらったが、そちらの帳簿にもその名はなかった。そういうわけでその日はなんの得るところもなく、無駄骨折りで落胆して家に帰ってきた。

春吉の報告を聞いて、むろん、両親は腹を抱えて大笑いした。

「昭和の御代にそんな馬鹿げたことがあってたまるかね」


春吉はその翌日も城址へ出かけていった。城址には春の草が萌え出して、小草の花が咲き乱れていた。住職に相談したら、

「人柱じゃ骨はないはずじゃ。城の礎石の下深く埋まっているのだから、はてさて難渋なことじゃて。第一どこら辺を探したらよいものか……」

と、老僧は寺へ帰ってしまった。

春吉は陽炎《かげろう》がめらめらと揺らぐ上に伏していると、にわかに睡魔が襲ってきて、前後不覚に眠ってしまった。阿嬌と戯れた夢を見た。そして眼が覚めた。その夢がもっと続けばよかったのにと思ったときは、遠くの寺の鐘がはや暮六つ（午後六時ころ）を知らせていた。

それにしても阿嬌は「明日嫁にくる」と言っていたが、それはあまりにもあわただしい気がする。ともあれ、春吉が家族に嫁がくることを告げたが、またしても取り合

ってくれない。

　いよいよその翌日の夕方、阿嬌は本当にやってきた。春吉の祝言だというので、村の人々も手伝いにきてくれる。今は豆腐屋でも昔が昔であるだけに、村長も小学校の校長も顔を出すという盛大な酒宴となった。

「春吉さん、どこでこんな可愛らしい嫁さんを探してきたのだんべ」

「年は十五かな、十六かな」

「家の息子にもああいう嫁女を持たせてやりたいもんだ」

「春吉が三十六で、嫁女が十六かぁ、ハハ……」

　台所は大騒ぎである。村長さんもこの嫁女の姿を一目見て、驚いてしまった。新橋、赤坂、柳橋と綺麗な妓《ぎ》は方々で見たけれど、阿嬌のように艶やかで麗しく、そして理知的に光る眼をまだ見たことがなかった。

　年の若い小学校の校長さんは、阿嬌の姿を見て、自分の糠《ぬか》みそくさい女房がにわかに嫌になってしまったという。まったく片山村に阿嬌の姿は、掃溜《はきだ》めに鶴というところであった。他の村人たちは言うには及ばない。その夜はみんな充分に酒を飲んで、めでたく更けていった。

　阿嬌はまだ若いというより、幼いといった方がいいくらいなのだが、両親にはよく仕える、家事は立派にするというわけで、たちまち春吉の母親（もっともこれは後妻なのだが）と父親に気に入られてしまった。夫婦の仲も睦まじく、一と月、二た月と過ぎて、早くも五月雨の季節となった。

雨のしとしとと降る晩、かれこれ午前一時が過ぎて、丑三《うしみ》つ時（真夜中の二時ころ）に近かった。夜中に眼を覚ますことなどめったにない春吉が、ふと眼を開くと、枕元の円窓に外の薄闇がほのぼのとして、遠くのほととぎすの声が聞こえる。肌寒さに気がつくと、一緒に寝たはずの阿嬌の姿が見えない。しばらくしても帰ってくる様子がない。と、足下の襖が風もないのにバサリと倒れた。なにか黒い影のようなものが蚊帳《かや》の裾をかすめたと思うと、怪しいわななくような声が、

「阿嬌さん、阿嬌さん」

と呼ぶのが聞こえる。確かに今のは鼠ではない。返事がないので、その黒い影は、再び襖の中にすうっと消えて、そのあとは物音一つしなかった。

阿嬌はどこへ行ったのだろうと思うあとから、人並みな悔恨に似た気分になる。普通の人間とは違ったような感じもするが、実はちっとも変わったところはなく、しかし、夜中に姿が見えなかったりすると、やはり普通の人間ではないのかと、いやな気分になる。

（どこへ行ったのか、明日問い詰めて訊いてやろうか、いやいや、めったなことを言

って阿矯に逃げられては寂しくてやりきれない、まあまあ黙っているにしかずだ）

こんなことを考える。うつらうつらとしているうちに、夜がほのぼのと明けてくる。気がつくと、阿矯がいつのまにかそばに寝ている。しかも正体なくぐっすり寝ている様子。例のえもいえぬ薫りが、その胸もとのあたりから匂ってくる。春吉は阿矯いとしさにそのまましっかりと抱きすくめるが、起きる気配もない。そのうちに阿矯の可愛い口もとがなにか言うと思ったら、

「墓を頼むよ、墓を頼むよ」

と、二、三回言うのであった。あれ以来怠《おこた》った人柱探しを春吉は思い出し、悪いことをしたと思った。五月雨でも上がったら、また出かけよう、と思う。それにしてもどこを掘ったらよいのだろう。あまりにも漠然とした捜し物に閉口する。阿矯に尋ねたら案外知っているのかもしれないないと思う。

翌朝になると、阿矯はいつもの通りかいがいしく働いて、昨夜の不在のことなどけろりと忘れている様子である。

その晩、春吉が飯の時に、例の城址の骨がどこにあるのか分からなくて困っていると言うと、父親が有名な行者のところへ行ってみてはどうかと言い出した。阿矯も詳しい事情を知らないらしい。それで、明日、春吉が浅草に住む大行者を訪ねることになった。後になって考えると、そのとき阿矯は確かに不興のような、あるいは不安そ

うな表情をしたようであった。

雨の中を春吉は、白髯橋《しらひげばし》のたもとで電車を降りて、これまで聞いたこともない吉野町の路地を加島清流という名の大行者を尋ね歩いていった。やっと見つけ出した行者の家は、陋巷《ろうこう》の小さい家であった。さっそく要件を話すと、行者は神がかりとなって(もっともこの行者は天狗を使うのであったが)、

「お前の家の陰気を祓《はら》え。さもないとお前の家は断絶するぞ。お前の探している骨はうしとら(艮)の方角の下じゃ」

というご託宣であった。陰気を祓うにはどうしたらよいか、と尋ねたら、行者は大喝して、

「この馬鹿者が、自分が死霊と暮らしているのがわからんか。命取りだぞ。南の雑木林を祓え、祓え」

これで行者の言うことは済んで、行者は普通の人間に返った。春吉は礼をしてそうそうに帰途についたが、解決することのできない煩悶が胸につかえて、重い鉛のように感じるのであった。阿嬌の素姓をはっきりと見抜かれたことと、その阿嬌がなんであろうと別れたくない気持ちと、阿嬌と暮らせば一家が破滅するという恐ろしい運命。この三つが巴となって入り乱れ、どうしたらよいものか、春吉にはまったく見当がつ

かない。好いた女と暮らしたいが、その女と一緒にいると、家が潰《つぶ》れるというのだから、女を捨てるか、心中するかどちらかを選ばなければならないのだ。

さて、春吉は家に帰っても骨の所在だけしか報告しなかった。親父はそれみたことかと、大喜びで、自分も鍬を持って出かけそうな気配である。

例の悩みで鬱々としている春吉は、雨の中を庭に出て、南の雑木林を伐り始めた。いずれにしても、これが無難だと思ったからなのだが、伐り出すと阿嬌が猛烈に止め立てをした。そのうち老人までが、

「雨の中をなにもそんなことをするには及ばないじゃないか」

と言い出した。それで途中で止めることにした。

そのころ、阿嬌と二人きりでいると、阿嬌がしみじみと言った。

「あの南の雑木林は強い日差しを避けて、とてもよいではありませんか。私はとても好きよ。ねえ、あなた、お願いだから伐らないでくださいな。あなたがあれをお伐りになると、あたしたちお互いに不幸になるかもしれませんわ」

春吉は胸の中では（この女とあの林は、密接な関係があるのだな、あの行者の言うところはすべて当たっているようだ）と思う。とはいうものの、彼はまだ阿嬌と別れる決心がついていなかった。

（阿嬌がたとえなんであろうとかまわないではないか。世の中にはよくある例で、こ

の可愛い阿嬌と別れるくらいなら死んだ方がましではないか。どうせ死んだと思えば、一家の断絶などなんだというのだ）

こうも思うのであった。

明け方、眼が覚めてみると、阿嬌の姿がやはり見えない。思うになにか曰《いわ》くがありそうだ。そこで、その晩、やさしく訊いてみると、

「あら、そんなことお気づきになりましたの。実は私どもの集まりがありますので出かけます。もしもあなたが『だめ』とおっしゃるのなら、私、行くのをやめますわ」

春吉は、

「ひどく疲れないというのならかまわない」

と応えた。

翌日、親父が鍬を持って骨探しに城址へ行くという。行者の言葉でまったく考えを転向してしまったようである。春吉は、今となっては祖先の骨などどうでもいいと思っているのだが、親父と一緒についてゆく。城のうしとらの方向は分かるが、どこに柱があったものやら皆目見当がつかない。礎石でも残っていれば、その下とすぐ分かるのだが、荒れ放題に荒れて、今は夏草の茂みと草いきれに昔を偲ぶよすがとてもない。親子は呆然《ぼうぜん》として手の下しようもなく、

「こんな途方もないこっちゃ、らちがあかん。お前、もう一度行者さんとこへ行って

訊いてこい」

ということになった。

春吉は、あのご隠居様の屋敷へ行こうと思い、あののち一度丘を登っていったことがあった。だが、そこは一面の薄《すすき》の原であった。屋敷の場所が分からないのだからご隠居様に相談するわけにはゆかない。それで結局、もう一度行者のところへ行かねばならないと考えた。

ある日のこと、五月雨がやんで、珍しく日の光が燦々と降り注ぐ朝のことであった。梔子《くちなし》の甘い匂いが庭一面に広がり、紫陽花《あじさい》の蒼白い花が物陰に咲いていた。春吉は、阿嬌の姿が見えないのをよいことに、いきなり庭に飛び下りて、例の雑木林を伐り始めた。

と、不思議なことにどこからともなく笛太鼓の音楽が聞こえてきた。このあたりではかつて聞いたこともない楽の音《ね》なので、春吉はしばらく手を休めて聞いていた。その音楽を聞いてから春吉の心は妙に乱れて、狙いは定まらず手元は狂う、斧で足の指に怪我をする、そのうちにどうしたはずみか左の薬指を深く切って、薬よ、繃帯よという騒ぎになった。

阿嬌は外から急いで帰ってきたが、この体《てい》たらくを見て、

「だから雑木林を伐るのはおよしなさいと言ったではありませんか。でもそのくらいの傷で済んだのは結構でした。命にかかわるようなことになりますよ」

と言う。そして、

「おや、怪我は左の薬指ですね。左の薬指、左の薬指……、春さん、これは私たちに不幸のくる前兆です。もしかすると私たちは別れるのかもしれません」

と言う。そう言われてみると、またしても阿嬌に深い愛着と未練を感じるのであった。

そもそも今日、雑木林を伐ろうとしたのは、なぜであったのか？　阿嬌と別れるためと言ってもよいではないか？　はたして春吉にそんな大胆な考えがあったのか。それは、否と言わざるを得ない。では、なにがそうさせたのか。五月雨の晴れ間の空の青空を見ているうちに、ただなんということなしに林を伐りたくなったのである。それはなにがそうさせたのか、春吉自身にも分からない。春吉が阿嬌の不幸になるようなことをするはずはないのだ。世の中にはよくこんなことはあるもので、そういうときに人は魔がさすと呼んでいるようだが、どうも妙なことがあるものだ。

林を伐ったために阿嬌と別れねばならなくなったのは、なにより辛かった。いやな前兆が現われたものだ。左の薬指を切ると、そんなことになるとは知らなかった。

その翌日、春吉が例の行者のもとに再度現われたとき、行者は神がかりになるや、大喝して春吉を、

「死霊を祓え！　死霊を祓え！　さもなくば身の破滅じゃぞ」

と叫んだ。それから、祖先の骨の所在を尋ねると、ただ、

「円い石の下じゃ」

と言うばかりである。春吉は不得要領で、すごすご家へ帰らなければならなかった。

その夜、春吉は離れの隠居所で親父と今日の行者の言葉について話しあった。

「円い石の下の方はそれでいいから、雨がやんだら行くとしよう。しかし、その死霊の問題は困ったものじゃな。わしにも名案はない。お前が阿嬌と別れるのはいいが、またその祟りが出てきやせんかと思うのじゃよ」

春吉は春吉で、

「私も阿嬌はよく働いてくれるし、おっかさんの気にも入っているようだから、別に別れようとも思っていないが、妙に陰気な空気が家の周りに立ち込めるのは参ってしまう。どうしたらいいものかと悩んでいる」

と言う。

実際、近ごろ、村のうるさい人々の口には春吉の家の噂が絶えない。夜になると、

春吉の家の屋根の上に蒼白い光り物がするとか、夜中に春吉の家から黒い影がすうっと抜け出した、夜になると狐火が燃えるとか言っている。春吉はそうした噂をまったく取り合わなかった。しかし、彼の継母は妙に気にして、それが自分に関係でもあるかのようにいらいらし始めた。

父親は先祖の人骨を掘り出して祀れば、一家は安泰だと思うようになり、母親は世間の噂を気にして、落ち着かなくなるし、春吉はますます阿嬌に心をとろかされ、別れるどころの話ではなかった。

家内中の人々の神経が妙にたかぶって不安定になっていた。雇人の小僧までがそんな気になったものか、春吉のところへこそこそ走ってきて、耳うちをする。

「昨夜、旦那さんがご隠居所でお話し中に奥さんが障子の外で立ち聞きしていましたよ。なにか大事なお話だったのでしょう……」

と同時に思いがけないことが起こった。障子の外には誰もいないはずだったのに、その障子がするすると開いて、阿嬌が出てきた。そして、

「この小僧！　なにをつまらないことを言うんだ。出てゆけ！　生意気な奴だ」

と、えらい剣幕。小僧は春吉の陰で縮み上がった。

その晩は、阿嬌の機嫌が悪くて、春吉はそれをとりなすのに弱り果てた。

「あんな小僧、かまうでない。放っておけ」

　と言っても、

「あたし、くやしいわ。くやしいわ。あんな小僧っ子に馬鹿にされて……」

　と、果ては泣き寝入りに眠ってしまった。その夜は何時ころであったろうか、庭の懸樋《かけい》の音が妙に耳に響き、例の伐りかけの雑木林に、一陣の風がさっと吹き過ぎたと思うと、先祖伝来の鎧を飾った床の間に、物の動く気配が暗闇の中にも感じられた。やがて声がした。

「これ春吉。わしはお前の遠い先祖の霊じゃ。白雲城の戦いに氏康殿を最後までお守り申した当家中興の祖であるぞ。実は阿矯は我が一粒種。ずいぶんと大事に育てたが、十五のおりに夭折した。それがこのたびは縁があって、そちのもとで暮らすこととなった。それは当家のためにも大慶至極。このわしも満足に思っておるぞ」

　と語る。顔形は定かではないが、夜の闇を通してみると、黒面の鬼のようである。よく見ると正しく恐ろしい鬼面である。身の毛がよだつとはこのような面相を言うのであろう。

「阿矯のことはなにぶんよろしく頼んだぞよ。聞けば近ごろおまえは天狗の妖術に迷い、行者風情の言うことを聞き、種々怪しい振舞いがあるそうだが、大いに自重せねばならぬぞ。そもそも霊界にも陰陽二派あって、天狗の如き陽気の一派はことごとく我々陰気の一派を圧迫しようとしている。我々というのは、死霊あるいは幽鬼と呼ばれている霊魂だ。今後は天狗の言葉に惑わされることなく、我が一族繁栄のためにも、阿嬌を可愛がって子を成してくれ。先日、お前がふらふらと林を伐る気になったのも天狗の妖術だ。あのおり聞こえた雅楽も天狗のまどわしの術じゃ。しかもお前が阿嬌を愛する心が深いと見るや、遂に運命の怪我までさせたのじゃ。しかもお前が薬指の怪我から阿嬌と別れるかどうかは、ただお前の意志の力一つにかかっているのだ。時にお前も望むなら、亡くなった母御に会えるのじゃが、どうじゃ、近いうちに会わせて進ぜようか」

黒面の鬼は見かけによらず、言うことは優しかった。そして、春吉には一言も言わせず、そのまま姿を消してしまった。

我が家の繁昌についてもっと尋ねようとして、消えてゆくその影に大きな声で呼びかけたが、無駄であった。そばで阿嬌が春吉の手を取り、

「どうなさったの。そんな苦しそうな声をお出しになって……。誰か私たちの仲間がきましたの?」

とささやく。春吉が、

「実は、お前の父親に会った」

と言うと、阿嬌はたいそう喜んで、この前会ったときに「ぜひあなたに会う」と言

っていたと語った。

その日、彼が商売の帰り道、例の共同墓地からだらだら坂を下りかけたとき、草鞋《わらじ》の鼻緒が切れてしまった。しかも今朝おろしたばかりだから、変なことがあるものだと思っていた。家へ帰ると、隠居所から両親が顔色を変えて店に出てきて、

「今のは地震ではないか。隠居所がつぶれるかと思うほど揺れたのだが……」

と言っている。それから晩飯を食っていると、ほの暗い庭先の紫陽花の陰あたりから真っ赤な玉が軒先へかけ上がってゆくのが見えた。阿矯が、

「あれ、今のが人魂ですよ。ご親類で誰かが亡くなります」

と言う。

「今のところ親類中みんな達者で、死ぬような者はいないじゃないか。なあ、春吉」

「そうですね、どこにも病人はいないし、変ですね。実は変なことがもう一つあるのです。今朝おろした草鞋がついさっき、ぶすりと切れたのです。だから、やはりなにかの知らせかもしれませんね」

「もちろん、そうですわ。さっきのご隠居所が揺れたのも、人魂も、みんな人が死ぬ知らせですよ」

「いったい誰が死ぬのだろう」

などと言いつつ、そのまま一同は自分たちの部屋に戻っていった。あたりはすっかり暗くなってしまった。

春吉が夕刊を読んでいると、障子にバサリと音がした。はっと気がつくと、またサラサラという音がする。洗髪が障子に触る音である。その主が阿嬌ではないことが分かっている。人が死んだらしいことも分かっているのだが、障子をわざわざ開けて確かめてみるのは、なんだか死者に礼を失するような気がして、そのままにしていると、阿嬌が仕事を済ませてやってきた。今の話をすると、

「じゃあ、亡くなったのは女の方です」

と言う。

それから春吉が薄暗い廊下を便所へ行こうとすると、正面の灰色の壁に、川越の伯母の見るも痛々しい苦悶の形相が浮かび出ている。どうしたことか、口から鮮血が流れ、眼は恐ろしく吊り上がっている。春吉はそのとき、川越の伯母が死んだのだと直感した。それからしばらくして電報がきた。電報には川越の伯母が死んだことが記されていた。

伯母は父親の姉に当たるので、その晩の通夜には父親が行くことになった。そして春吉は葬式に参列することになった。

葬式の日に奇妙なことが起こった。

久し振りに見る川越の町の繁華に驚きながら、見慣れた呉服屋の角を曲がって突き当たりの伯母の家へ行った。「喪中」と書いた紙が妙に悲しく、胸にこたえた。八つの歳《とし》に母を失ってから本当に親身になって世話をしてくれた伯母である。川越の祭の日には泊まりがけで遊びに行ったことがあった。喜多院のご開帳かなにかのときにも伯母に連れて行ってもらったことがある。本当に懐かしい伯母なのだ。しかし、今はその人は死んでしまった。なんでも急性の胃潰瘍かなにかで亡くなったという。死ぬときに苦しんで、たくさんの血を吐いたというので、あの壁に映った影がやはり今わの際《きわ》の姿だったのかと思われた。

坊さんたちの読経の声が聞こえていた。春吉は青々と草の生えた路を歩いていた。湖のように広い池の岸へ出たところ、池の中の島には松がこんもりと茂って一つの祠がいかにも奥深いように見えた。どういうわけか知らないが、その祠の中に二、三人の女の人が話をしているのが見えた。そのうちの一人の肩の形は記憶に残る母に違いない。声をかけようと思ったら、向こうからこちらを見てにここと笑うので、こっちからも微笑を返した。耳の近くで声がする。

「その後は達者か。父上の言うことをよく聞くのだよ」

その母の向こうの陰にいるのは、以前の女房だ。確かにそうに違いないのだが、こちらを見ない。なにか言いたくて口を動かしたが、そのとき読経は済んで、木魚のぽくぽくという音が耳に響いてきた。春吉は、こうした夢幻のような世界を見せるのは、このあいだ黒面の鬼が言っていたことから考えると、黒面の鬼が亡き母に会わせてくれたのに相違ないと思う。

それにしても母のにこやかな顔を見て、彼はなんとも知れぬ満足を感じ、嬉しかった。巫女、かんなぎを仲に立てて死者と話をすることは、ずいぶん古くから行われ、英国の探偵小説家コナン・ドイルという人は、小説で稼いだ数百万という金をその死者と語り合う道楽のために使い果たしてしまったという。けれども春吉の場合は、直接に死者と語ることができるわけだから、精神的にもどこか常人と違うところがあるのかもしれない。

さて、伯母の葬式も一段落済むと、春吉の父親は白雲城址へ出かけようと春吉を誘った。もう太陽の光もジリジリと灼けつくように暑くなっていた。春吉はいささか閉口したが、父の熱心さに動かされてついていった。城址の円い石を探し始めた。夏草が繁茂して、草いきれがむっと鼻をかすめる。それを嗅《か》いだだけでも疲れてしまう。それでもその日の午後になって、やっと円い石、大きな挽臼を発見することができた。石は合歓《ねむ》の大木の下に眠るが如くに横たわっていた。その石を動かすことは二人の力では不可能であった。やむを得ず、明日人足を連れてくることにして、その日は下山した。

「春吉、よかった。円い石が見つかったからには、もうしめたものだ」

と、父は喜んでいた。

その晩、父はたいそううなされていて苦しそうであったと、継母は言うのだが、父はけろりとして、祖先のご隠居様に会うことができたと言った。春吉がいつぞや会ったご隠居様が、たいそう嬉しそうにして、「ご苦労なことじゃ」と言ったと話すのであった。

ちょうどその日はお盆の入りの日に当たっていた。継母は阿嬌を連れて買物に行くと言う。父親は「お盆のうちに先祖のお骨を掘り出して祀ろう」と言う。そこでその朝はちょっといざこざがあったが、結局、お盆の支度もしなければならないというので、継母は阿嬌を連れて、新宿の百貨店へ買物に行った。

父親は、

「お盆のうちにお骨を祀ることができるかな。ぜひそうしてあげたいものじゃ。明日にでも人夫を連れて行くとしよう」

と言っている。

「そうしたら我が家も安泰というものじゃ。阿嬌とお前の子の顔が早く見たいものじや」


　春吉はその日、小僧と手分けをして豆腐売りをしたので、案外早く家に帰ってきた。阿嬌も継母もまだ帰っていなかった。水を浴びて、茶の間にいると、妙にじっとしていられない気持ちになってきた。浴衣を脱ぐと庭に降りて、斧で雑木林を伐り始めた。またしても天の一角に雅楽が聞こえ、笙や太鼓の音が彼を勇気づけるようであった。案外はかどって、あと二、三本伐ればよいというときに、継母と阿嬌が帰ってきた。阿嬌は眼の色を変えて、春吉をなじった。

「私があんなにお願いしたのに、なぜ伐ってしまったのです。庭の前に林がなければ、私たちはいられないのです。あんまり陽気になったら、いたたまれません」

「俺も伐る気で伐ったのではないのだ。ついふらふらと庭に下りて、やったのだ。悪く思わないでおくれ」

「そんな言い訳、伺いたくありません。あなたは私を追い出そうとしているのです。確かにそうです」

「そんな馬鹿なことがあるものか」

「いいえ、確かに私を追い出そうとしています。天狗かなにかと結託して、私をいじめています。ああ、くやしい」

　と、彼女は泣き伏してしまう。（確かに今日も天狗に謀《はか》られた）と春吉は思った。

夕方は庭を掃き清め、軒に盆提灯を吊し、迎え火を焚き、仏壇を飾って、代々の精霊を迎え入れるのである。春吉の胸にふと浮かんだのは、例のご隠居さんの霊であった。ここへ来るわけにはゆかないのかしらと思うと、気の毒になった。

盆提灯の火がゆらゆらと揺れるのは、そこを霊が通るからではないのか。彼は仏壇に向かい、線香を立て、母や前妻の霊に心から礼拝した。


その夜、床に就いてからも、阿嬌の恨み言は続いた。

「あなたは亡くなった奥さんが恋しくなったのでしょう。生き別れは恋しくもないが、死に別れというものは、恋しくて恋しくてたまらないそうではありませんか。いつぞやの川越の伯母様のお葬式で、その奥様を一目見て、また恋しさがつのってきたのでしょう。口先では私を可愛いだのなんだのと言うけれど、私には分かります。前の奥様とまた暮らしたいのでしょう。私が邪魔になるもので、天狗といっしょになって、私を追い出すのでしょう。あんまりですわ。あんまりですわ」

と、手のつけられないほどに泣き出した。

「阿嬌、俺がお前一人を愛している証拠はいくらでも見せてやるよ」

「証拠なんて物のようなことではいやです。私が言うのはあなたの心の問題なのです。

心の片隅ででも他の女を愛していたら、私、やりきれません」

阿嬌は布団の上に起き上がって座った。春吉は、寝ていて下から見上げる阿嬌の首筋から頬のあたりへかけて、なんとも言えない、凄艶《せいえん》な魅力のあるのに驚いた。年は十六というけれど、この凄い美しさは三十女の持ち味だと思う。

「私、決心しました。春吉さん、ご縁があって幾月か一緒に暮らしましたが、もうこの家にはいられなくなりました。さようなら」

と言う。そう言う彼女の凜《りん》とした顔は、犯すべからざるもののように見えた。

春吉が阿嬌を止めようとして、なにか言おうとしたときには、すでに阿嬌の姿はなかった。驚いた春吉は草履《ぞうり》を引っかけて往来に出てみたが、戸外は真っ暗で阿嬌の姿は見当たらなかった。ひどく落胆して、二、三丁歩いていったが、何物をも見つけることはできなかった。大事な物を落したように力が抜けて、歩くのも大儀であった。

「阿嬌、阿嬌、可愛い阿嬌。どこへ行ってしまったのだ……」

ふと我が家の方を振り返ってみると、漆《うるし》のような真っ黒な夜空に煌々と炎が燃え立っている。「あっ！　うちが火事だ！」

と、春吉は夢中になって走った。

家の棟から、屋根から、怪しい燐光や鬼火のような火のかたまりがおびただしく飛び散っていた。夜の闇を背景として、怪しい光がすうっ、すうっと飛ぶさまは、なんとも物凄い光景であった。

村の消防組が竜吐水《りゅうどすい》（小型の消火器）をかついで駆けつけたときには、火はもう鎮まっていた。というより、家は全部焼け落ちていた。両親は、春吉の心配した通り、戸締まりの厳重な隠居所の中で骨と化していた。村の人々は、お盆のことであるから、盆提灯の火の不始末だろうと言っていた。それを聞いて、春吉ははっとする思いがあった。しかし、胸の中では、（阿矯、阿矯）と、恋する女の名を繰り返し呼んでいた。

不思議なのは小僧の行方であった。春吉の家から五、六丁も離れた薄の原に小僧の死体がある、と、翌日の昼過ぎに知らせてくれた者がいた。春吉が行ったときには、まだ警官も来ていなかった。おびただしい出血で、あたり一面を血の池にして、その中に仰向けに寝ていた。顔はありありと無念の形相を表わしており、手は虚空をつかんでいた。

春吉は、この事件に多少思い当たることがあった。阿矯が以前立ち聞きをしているのを見て、小僧が春吉に言いつけたが、それを阿矯はひどく恨んでいる様子であった。小僧を殺害したのも阿矯のしわざ、家を焼いたのも阿矯のしわざであろう。

村の人々は気の毒がって見舞いやら悔やみに来たが、ひとりぼっちになったのに、春吉はたいしてしょげていなかった。

（阿嬌がこんな大騒動を起こしたのは、自分を本当に好きだったからなのだ。だから、俺の心が分かれば、また俺のところに来るだろう。）

春吉はこのように考えていた。

阿嬌はまだ春吉の前に姿を見せないが、春吉は今、小学校の前に住む親類に身を寄せている。

（原題「怪談　春吉と死霊」大田雄麻、大陸書院、昭和十三年八月）

死馬の呪い

明け方、ようやく東が白みそめて、西南の風が冷え冷えと吹いている路地であった。私はその前の晩、隣り村の親戚に祝い事《ごと》があって招かれていって、その夜は泊まり、夜の明けきらぬうちにそこを出て、村へ急いでいた。重なり合った甲州の山々は、上の方だけほの明るく、下界はまだ薄闇であった。

そのとき、私は見た。初めはそれがなんであるのかはっきりと見定めることはできなかった。遥か前方の薄暗い中から、とにかく大きな生物が、風のように走ってくるのを見た。私は思わず道端に身を避けた。だんだん近づいてきた。馬であった。黒毛の大きな馬であった。まるで風のように走ってきた。同時に私は（おやっ）と思った。乗り手がいない放れ駒であったならまだしも、その馬は一か月前に死んだ、村の吾作さんの家に飼われていた黒毛であった。あの馬は確かに死んだはずである。私はなにか冷たいものが体の中を走り抜けるのを感じた。

馬はますます近づいてきた。確かに死んだ黒である。私は叢《くさむら》の陰に身を隠しながら、真っ正面から見つめていた。不思議なことに馬はなにかをくわえている。白い、細長い畑から引き抜いて洗ったばかりの大根のような物をくわえている。次の瞬間、私はそれこそ本当に水を浴びたように、ゾーッとして立ちすくんでしまった。

白い、細長い物は、人間の足であった。私は黒が私の目の前を走り去るとき、はっきりと見た。人間の片足をくわえて風の中を走る死馬。しかもさらに気がついたときには、黒は蹄《ひづめ》の音も立てずに走っていた。西洋の絵に、天馬というのがある。ちょうどあれと同じで、足が地についていない。だんだん薄れてゆく暗さの中をぐっと首をあげ、その足をくわえて、まるで高原の風の精のように走り過ぎ、そして、あっというまに薄闇の中へ走り込んでしまった。

私は声も出なかった。どう考えたらよいのか、見当がつかない。しかし、確かに吾作が飼っていた黒である。

真相はこうであった。

村というのは、釜無川のほとりに沿った僻村で、例の「粘土お高やんが来ないとならば」という、あの粘土節の発祥の地に近い村である。K村という。吾作の家はこの戸数三十戸余りの僻村の中農で、家には吾作夫婦の他に、お今《こん》という一粒種の娘がいた。この三人暮らしの他に馬が一頭いた。これが、例の黒毛の大きな馬である。

お今はそのとき、ちょうど二十歳。特別取り立てて言うほどの器量ではなかったが、体の豊満な、色の白い、愛嬌のある娘で、村人の評判もよい子であった。

お今が婚期になると、嫁にしたいという者が数人いたが、隣りのC村に住む、やはり農家の次男で、良介という男と結婚する約束ができた。そのため村にはかなり失望落胆する者がいたという。その失望者の中に、飼い馬の黒もいた。

お今と黒とは大の仲良しであった。お今は馬が好きであった。毎日のように飼い葉（馬に餌として与える柔らかい草）の他に、父母に隠しては大根や人参を与えたりして、可愛がっていた。黒の方でも特にお今になついて、廏《うまや》の前を通ると鼻面をこすりつけてきたり、袂をくわえて放さなかったりした。

ところで、田舎の夏は行水がつきもので、お今も毎日行水をしていた。その場所は、廏の前であった。糸瓜《へちま》が涼しく垂れた葉陰で豊満な、一糸まとわぬお今が月光を浴びて無心に行水をつかっている姿に魅せられていたのは、言うまでもなく黒であった。しかもこれが二夏も三夏も続いた。だから、馬の心にも自然とお今に対して愛情のようなものが湧いていったらしい。

大体、馬というものは、非常に好色な動物で過去の人獣婚の伝説などの中にも、他の動物に比して相当多く現われてきている。ともあれ、黒はお今に惚れていたらしい。

お今が廏のすぐ前で行水をつかったときなど、黒はいかにも嬉しそうな顔をして、ゴクゴク咽喉を鳴らしながら、盥《たらい》の行水を飲んでいたりした。こうしているうちに、だんだんとお今の婚期が近づいてきた。秋の収穫が済むと、もう準備が進められていた。黒は知ってか知らないでか、だんだん元気がなくなっていたようだ、……これは後になってからの吾作の話である。

隣り村の使いも頻繁に来るようになって、やがて黄道吉日《こうどうきちにち》（易で、なにごとにもよい日）も決まり、だんだんとその日が迫ってきた。

そして結婚式の夜、村は沸き返った。評判娘の婚礼の夜である。

「泣いても笑っても駄目の皮だなあ」

「ついに嫁《と》いじまうか」

「みんな枕を並べて討ち死にというところかな。とんびに油揚げかっさらわれちまったみたいなもんで、村の若い衆の面目丸潰れちゅうもんでねえか」

「今更言ってもしようがあんめいで」

「まったくよなあ。アッハッハッ……」

「アッハッ……」

若い者の話というものはどこも同じである。

「めでためでたの
　わかまつさまよ
　　枝もしげれば
　　　葉もしげる」

婚礼唄がにぎやかに聞こえてきた。

祝言は滞りなく終わり、高砂やこの浦船に帆を上げて……、めでたく三々九度の盃も済み、あとはにぎやかな酒宴となった。その最中のことである。

「吾作よ。黒が逃げたぞ」

便所へ行った客の一人が、座敷に戻ってきて、そう報告した。

「なに、黒が逃げた？」

吾作はあわてて廏へ走った。まさしく黒は逃げていた。縄を噛み切り、廏の入口の支え棒を倒して、どこかへ姿を消していた。

（妙なこともあったもんでねえか？）

随分捜したけれど見当たらず、程経て、数里隔てた山間の深い谷底に墜ちて無惨に死んでいた。どうしてこのようなことになったものか、理由は判明しなかった。

（ひょっとしたら、発狂したのかもしれない）

そうしたことで話がつき、いつしかこのことは村人のあいだにも忘れられていった。

秋も次第に深まって、早くも山国の甲州には、寒い風が吹き始めた。ちょうどその夜は、翌日になって分かったのだが、私が隣り村の親戚のところに祝い事があって招かれて行った晩であった。吾作の家では、今夜、婿の良介が実家に帰り、お今は一人で離れに寝ていた。

深夜、ふと吾作が耳を澄ますと、遠くで馬の嗚き声がする。それが黒の声に似ているので、枕をそばだてて聞いていると、やがてその声はますます近づき、蹄《ひづめ》の音が家の周囲をクワックワッ、クワックワッと回り始めた。吾作は不思議さが不気味さに変わり、そのまま布団をかぶってしまった。

夜が明けた。お今の姿が見えない。騒ぎになった。どこを捜しても姿が見えない。夫婦だけでは手に負えなくなって、近隣の者を呼び起こし、八方捜索したけれど、やはり行方は分からない。むろん、隣り村の良介の家へも人が走ったのだが、やはり分からなかった。

そのころであった。私が隣り村からの帰途、奇怪な黒の走る姿を見て、慄然と肝を冷やしたのは……。私は黒の姿を見ると、そのまま足を速めて家路を急いだが、その途中、村の入口でばったり吾作夫婦と出会った。次第を聞いて驚いた。やはりあの馬は黒であった。しかし、分からないのは、黒がくわえていた人間の足のことである。

「実はなあ、吾作さん」

今見たことを話すと、吾作はじっと考え込んでしまった。

（もしや、ひょっとしたら、あのときの人間の足はお今の足で、お今は黒の亡霊に殺されたのではなかろうか）私はこう考えた。

そして、思いついたまま、吾作に「廏の中を捜してみたら……」と告げた。

すぐに一緒に廏の中を捜した。灯台下暗《もと》しとはこのことである。お今は廏の中で死体となっていた。両方の乳房が無惨に嚙み砕かれ、とうの昔に死んだはずの、黒の歯の跡が、くっきりと印されていた。

「お今！」

吾作夫婦はぺったりと地上にくず折れてしまったきり、それ以上は口をきくこともできなかった。

やはりあれはお今の足であった。左の足が太股《ふともも》からプッツリ嚙み切られていた。

失恋した死馬の復讐。

今どきこんな話をしても信じる人はあるまい。しかし、人知では判断することのできない不思議な出来事が山国ではあるのだ。信じない人には無理に信じてもらわなくともいい。


（「死馬の呪ひ」青木亮『パンフレット文藝・身の毛もよだつ話　実話特輯』昭和十三年七月臨時増刊）

猫の祟り

死に顔を見て泣く猫

紀州和歌山の船大工町に、船大工の秀さんという者がいた。

秀さんの父親というのもやはり船大工であったが、きわめて真っ直ぐな男で、名を吉平というので、正直吉さんと言われていた。

秀さんは、船大工の家に生まれたので、学問などは必要なく、尋常小学校も出るか出ないかであった。もっとも父親の吉さんは、

「船大工に学問なんかいらないものだ、ただ正直にして、仕事さえ上手であればよい」

と言っていた。

蛙の子は蛙で、秀さんも父の吉さんに似て正直なおとなしい倅《せがれ》であった。

近所の若い衆などは、酒も飲めば、博奕も打つ、悪所遊びもするのだが、秀さんはただ一所懸命に仕事に励んでいた。

このような男のことだから、嫁を世話しようという者も多かった。だが、縁談は、なかなかうまくまとまらなかった。

父の吉さんは、息子に早く嫁がくればよい、初孫の顔を見て死にたいと、そればかり楽しみにしていたが、どうも世の中というものはままにならないもので、吉さんは患いついて、ついに初孫の顔を見ることもできずに、あの世にいってしまった。秀さんは、泣きの涙で父親の野辺の送りを済ませた。

秀さんは、十六の時に母親に死なれて、その後は父親の手一つで育てられたのであった。

秀さんが十五のときであった。母親がお寺参りをして帰りがけに、とある横町にさしかかると子どもたちがワアッワアッと騒いでいるから、どうしたのかと思って、そばに寄ってみると、一匹の斑《ぶち》の子猫の首に縄を付け、あちらに引きずったり、こちらに引きずったり、蹴ったりしていた。

「まあまあ、可哀そうに、みんな、なぜそんなむごたらしいことをするんだね」

と言うと、子どもたちは、

「おばさん、この猫はいけないいんだよ。泥棒子猫で、台所に入ってきては、盗みばかりやるんだ。だからこうして、みんなしてひどい目にあわせているんだ」

と言う。子どもたちは持っていた棒切れでちょうちょうと打つと、子猫はもう泣く力もなく、体を小さく縮めていた。

それを見ると、秀さんの母親はたまらなく可哀そうになり、

「これこれ、お待ち、お待ち。お前さんたちはみんないい子なんだから、その猫を助けてやっておくれ」

と言った。しかし、子どもたちは、

「駄目だい、おばさん。こんな泥棒猫を助けておくと、また俺っちの家にやって来て、金魚なんか取るんだから……」

と、何と言ってもきかないで殺そうとする。見るに見かねた母親は、

「じゃ、こうしておくれ。その猫を私におくれ。ただでは貰わないよ。それ、お銭《あし》をあげるから、これでみんな何か買って食べておくれ。その代わり、その猫は私が貰ってゆくよ」

と言いながら、小銀貨を三枚取り出して、年かさの子どもの掌に載せてやった。その子が、

「やあ、じゃみんな、猫をおばさんにやって、このお銭でお菓子でも買って食べよう

よ」

と言うと、

「ああ、それがいい、それがいい」

「おれも……」

「おれも……」

と、そこは子どもである。げんきんなもので、子猫の首に縄を付けたまま、そこに打ち捨てて、我先にと、年かさの子どものあとから駆けていった。

「まあ、ほんとうに、可哀そうに……」

と、半死半生になった子猫を前掛けに包み、自分の家へ連れて帰った。

そして、綺麗に湯で洗ってやると、痩せてこそいるけれど、胴の短い、姿のいい猫であった。

それからこの猫に、ぶちという名を付けて、可愛がっていたが、だんだん肉も付いて、じゃれまわるようになって、可愛さは一段と増していった。

子といっても、秀さんが一人いるだけである。秀さんでも家にいないと、寂しくてたまらなかったのだが、このぶちを連れてきてからは、その寂しさも忘れて、

「ぶちよ、ぶちよ」

と、まるで子どもにでも物を言うように可愛がっていた。

その翌年、母親は腎臓病を患った。ぶちはちょうど人間の子どもが、病気の母親を介抱でもするかのように、枕元を離れようとはしなかった。

母親がもう駄目だろうという三日前から、ぶちは食べる物も食べないで、枕元に前足を折ったままの姿でいた。

いよいよ母親が息を引き取ったときには、ぶちはその死に顔を眺めて、ニャア、ニャアと泣いて、ちょうど母親を呼んで生き返らせようとするかのようであった。

「この猫は、普通の猫じゃない。きっと、こんな猫が年数を経ると化けるに違いない」

と、気味悪そうに言ったのは、母親が危篤だというので駆けつけた母親の弟、すなわち秀さんの叔父さんであった。

その後も、ぶちは秀さんの家に飼われて、たいそう可愛がられていた。ぶちは秀さんの父親の吉さんが死んだときも、その枕元を離れず、涙をこぼしていた。

「おら、なんだかこの猫を見ると、ぞっと身ぶるいがしてならねえ。この前、姉さんが死んだときも泣いていたが、今もこうして泣いている。きっと化け猫だ。化ける猫に違いねえ」

と言ったのは叔父さんであった。

けれども、秀さんをはじめ親戚の人々も、

「畜生でも、なかなか馬鹿にできねえもんだ。ちゃんと可愛がられたことを知ってるんだからなあ」

と言って、叔父さんのように気味悪がることはなかった。

闇に光る目玉

父親が死んでからまもなく、秀さんをいつまでも一人で置かれないというので、叔父さんの娘にちょうど年頃のがいたので、かねていとこ同士で、気心も知れ合っているから、なまじ他人よりもというので、その娘を秀さんの女房にすることにした。

秀さんとても、従妹ではあるが、自分も女房を持つならば、叔父さんの家の娘のような子が欲しいと思っていたところだったから、なんの異存もなかった。その女房は、お糸といった。

そのころは、ぶちはもう年を経た老猫で、縁側の日向などに、長くなって寝ているところを見ると、他人が犬と間違えるほどに大きくなっていた。

秀さんの家の者は、みんな犬や猫が大好きであったが、お糸の家の者は父親をはじめ、揃いも揃って犬猫が嫌いで、中でも猫だと見ると、なんの悪さをしなくとも、小石を拾って投げつけるやら、いつもこっそりと忍び込んでくる穴に罠をしかけて殺そうとしていた。

それくらいであるから、秀さんの母親が死んだときにも、父親が死んだときにも、

「いやな猫だ、気味の悪い猫だ、化けるに違いない」

などと言って、ぶちを嫌っていた。

お糸は、初めて輿入れした晩に、ひょいと厠《かわや》に立つと、暗がりで、「ニャン」という声とともに、目玉が二つピカリと光ったので、

「キャッ！」

と言って卒倒した。

「どうした」

秀さんは驚いて、来て見ると、お糸が縁に倒れていた。

秀さんはますます恐ろしくなり、

「どうした？　うん、どうした？　具合でも悪いのか」

と言って、そばに寄って抱え起こすと、

「ああ、気味が悪い。もう、わたしはこんな家にいるのはいやだ」

と言って、ガダガタふるえていた。

「なにが、なにが気味が悪いのか？　今夜来たばかりで、もうこんな家にいるのはいやだなんて、いったいどうしたというんだい」

「わたしがここに来ると、真っ暗な中で、青い目玉がピカリと二つ光って、『ニャア』

と言ったのよ」

「ハハハハ、そいつは猫じゃねえか。うちのぶちだよ。猫の目玉というものは、暗いところだと青く光るもんだ」

秀さんは笑っていたが、お糸はとても笑いごとではなかった。

「猫だということは分かっていますが、怖くて怖くて、ああ、いやだ。どうか、秀さん、後生だから、わたしを実家《さと》に帰してください」

「馬鹿だな。猫と分かっていたら、怖いこともいやなこともねえじゃないか」

「ところが、わたしは猫が大嫌いなんです。猫の姿を見ても、なんだか知らないが、ぞっとするんですよ。それにこんな暗いところで、ピカリと目玉を光らせて、『ニャア』と鳴くんだもの……。居たいには居たくても、毎晩こんなことがあった日にゃ、とてもわたしは辛抱ができません。辛抱していれば、命が縮んでしまいます」

秀さんも、かねてお糸一家の者が、犬猫が嫌いだということは知っていた。そのことにふと気がついたので、

「ああ、分かった。うん、そうか。お前の家の者は、どうしてだか犬猫が嫌いだったな。お前がそんなにいやなものなら、どうあっても、あの猫がいなくちゃ、家が立ち行かないというわけのものでもないから、明日にもつかまえて、捨ててしまったらいいじゃないか」

と話した。

「猫さえいなけりゃ、わたしはきっと辛抱します」

「それはわけもないことだ。今夜にでもとらえたらすぐに捨ててしまうさ」

秀さんはこう言って、お糸に納得させて、その夜は寝たが、翌朝になったら、さっそくぶちをつかまえて捨ててしまおうと思っていた。

翌朝、秀さんはぶちをつかまえようと思ったが、どうしたものか、ぶちはいっこうに姿を見せなかった。

「はてな、どこに行きやがったのだろう」

と、納戸の隅から裏の物置まで探したけれど、ぶちの姿はどこにも見当たらなかった。

昼になっても、夜になっても、ぶちはついに姿を見せなかった。秀さんは、

（ぶちは利口な猫だったから、捨てられないうちに、自分の方から姿を隠したんだろう）

と、思っていた。

ぶちがいなくなったので、お糸はやっと安心した。

翌日になっても、ぶちは姿を見せなかった。

「見ろ、お前が嫌いだというので、ぶちの方から気をきかせて、どこかに行ってしま

ったんだ」

　秀さんはお糸に向かって、こんなことを言っていた。

　　医者に診せたものの……

　それから幾日か経った。ところが、お糸は日毎に蒼い顔になって、ふさぎ込んでばかりいるようになった。一方、秀さんは評判の女房孝行であったから、たいそう心配して、

「お糸、お前、いったいどうしたんだい。毎日浮かない顔をして、具合が悪いのなら、医者に診《み》せたらいいじゃないか」

「別に、どことといって痛いところがあるのじゃないんだけど、なんだか、頭が重いようで……」

「だからさ、どんな病気か分からないから、今日にも診てもらうがいい」

「なあに、大丈夫ですよ」

「いいや、大丈夫じゃない。診てもらえ」

　お糸は、別に医者に診てもらうほどのこともないと思ったが、秀さんがあんまり勧めるので、近所の医者に診てもらったが、医者の方も、

「別にどことといって悪いところはないようだが、少し神経を痛めているようだから、

なるべく気を静かに持って、あまり物事を深く考えないようにするが良い」

と言うだけであった。

秀さんもそのことを聞いて、やっと安心したものの、そうかといって、一向にお糸の気が晴れそうもないので、女房思いの秀さんはひどく心配していた。

「おい、お前、本当にどうしたというんだろうなあ。医者を替えたらめっきりとよくなる例もあることだから、どうだい、ひとつ、医者を取り替えてみては……」

と言うと、お糸も、

「本当に、私はどうしたというのでしょう。別に自分では、ここが痛いの、あそこがどうのということはないのですけど……」

と言って、ふさぎこんでいる。

「さあ、それだからなおいけないのだ。これで頭が痛いとか、腹が痛いというのなら、ちゃんと病気の性質《たち》も分かっているんだから、医者の方だって、薬の出しようもあるが、格別どこがどうということもないなんてことになると、医者だって薬の出しようもないだろうよ。ひとつ、医者を取り替えてみるがいい」

と言って、今度は他の医者に診せたが、やはり見立ても同じで、薬の効き目もなかった。

ある夜のことである。秀さんが夜中にふと目を覚ますと、お糸がひどくうなされていた。そして点《つ》けたままで寝たはずの有明行灯《ありあけあんどん》が消えて、真の闇となっていた。

「おい、どうした？　おい、夢でも見たのか？」

と秀さんはお糸を揺り起こしたが、お糸は悪夢から覚めて起き上がると同時に、

「きゃっ！」

と叫んで、ばったり倒れて気絶してしまった。

このとき秀さんは、いったいなにを見て驚いたのだろうかと、ひょいと天井を見ると、ギラリと光るものが二つ闇の中に見えた。

秀さんはお糸が心配で、水を飲ませるやら、気付け薬を飲ませるやらすると、お糸はやっと正気づいた。

「いったいどうしたというんだ？」

と、秀さんが訊くと、

「あっ、ああ……お前さん、もういないかえ」

と、まだ何者かにおびやかされるように、キョロキョロしていた。

「なにか、なにかいないかと言うのかい？」

と、なおも訊くと、お糸は、

「あれっ……」

と言って、天井を指さして、ぶるぶるふるえている。

秀さんが見ると、天井が一枚めくれていて、そこからギラリと二つの玉が光った。

「おやっ、誰がめくりやがったんだろう」

秀さんは踏み台に乗って天井をもとのようにしたが、ギラリと光る二つの玉が気になって仕方がなかった。

その翌晩も、お糸は「うんうん」とうなされている。お糸の声に秀さんは目を覚ました。見るとやっぱり、点けて寝たはずの有明行灯が消えていた。

「おい、またうなされているな」

秀さんはお糸を揺り起こして、ひょいと天井に目をやると、前の晩と同じように、天井がめくれて、その真っ暗なところから、ギラリと二つの玉が光った。

「おやっ……?」

と秀さんがよくよく見ると、それは猫が顔を出して覗いているのであった。ギラリと光ったのは猫の目であった。

大猫が踊る

お糸は、

「ねえ、お前さん」

と、眉をひそめて秀さんに言った。

「ほんとにわたしは、毎晩々々、怖い夢ばかり見てうなされるんで、いやになってしまうよ」

けれども秀さんは、あの天井の暗いところから、ギラリと光るものの正体が分かるまでは、そりゃあ気味が悪かったが、ギラリと光ったのは、猫の目だということが分かったので、

「なあに、お前が怖い怖いと思っているから、怖い夢を見てうなされるんだ。あのギラリと光ったのは、お前も知っているとおり、猫の目なんだから、別に恐ろしいものはいないじゃないか」

と言った。

しかし、お糸は安心することができなかった。それもそのはずで、だいたい猫が嫌いなうえに、自分は猫が嫌いだと言ってから、ぶちが姿を見せなくなったのだから、気味が悪い。

「私の考えじゃ、きっとあの猫がなにかをしているに違いないと思うよ」

と、確かだと言うような顔をして言った。けれども秀さんは、

「ハハハハ、馬鹿なことを言って……。猫が災いをもたらすなんて、そんな馬鹿なことがあるもんか。畜生じゃないか。畜生が人間になにかをするなんて、他人にそんな

ことを言ってみろ、本当に笑われてしまうぜ」

と打ち消した。

「でも昔から有馬の猫騒動だの、鍋島の化け猫なんて、色々あるじゃないかね」

「あんなことは、講釈師なんかがみんな飯の種にこしらえたことで、本当にあんなことがあってたまるもんか」

「そうかしら。だけど、どうしてもわたしは、あの猫がなにかをしかけているとしか思われないよ」

「ハハハハ、馬鹿だな。しかし、そんなにあの猫が気になるなら、猫が覗かないように、板を打ち付けておいてやるよ」

と、秀さんは商売柄、天井板の開いていたところを、しっかりと釘で打ち付けておいた。

秀さんはそれから仕事に出かけた。

そのあとで、女房のお糸は、ちょっとした用事で近くへ行き、なんとなく誰かが家の中にいるような気配がするので、夫が忘れ物でもして帰ってきたのかしらと思いながら、

「お前さんかい?」

と言いながら、入ってみたが、夫の姿もなければ、誰もいない。

「おや、おかしいな。確かに人がいるようだったが……」

お糸は不審に思いながら、なんだか留守のあいだに盗人でも入ったのじゃないかと思ったので、怖々《こわごわ》ながら納戸を何気なく覗くと、

「あれっ！」

と叫んで、転ぶように表へ飛び出し、いきなり隣りの家へ駆け込んだ。

「お隣りのおばさん……」

と言ったきり、もうそのあとを言うことができず、わなわなふるえている。隣りの奥さんも驚いて、

「まあ、おかみさん、どうなさったの？　どうしてそんなにふるえているのです？」

と尋ねたが、お糸はただがたがたふるえているだけで、口をきくことができなかった。

隣りの奥さんはますます不思議に思い、

「本当に、さ、どうしたんです。秀さんはお出かけになったようだし、よしんばいなすったところで、夫婦喧嘩なんかなさる仲じゃなし、なにを見てそんなに驚いたんです？」

このとき、お糸はやっと口を開いた。

「おばさん、後生ですから、家の人が帰るまで、どうかここに置いてください」

「そりゃあ、いなすったってちっともかまやしませんが、どうして家にいられないんです?」

隣りの奥さんは、不思議そうに眉を寄せて訊いた。

「家にいると食い殺されてしまいます」

「えっ、食い殺される……、誰に?」

「実はおばさん、主人が出ていったので、わたしもちょっと横町まで用たしに行って、門口まで帰ってくると、誰だか家の中にいるようですから、主人が忘れ物でもして帰ってきたのかと思って、『お前さんですか?』と入ってみると、主人も誰もおりません。でも、どうも誰かがいたようでしたから、あるいは盗人が入って、納戸口にでも隠れているのじゃないかと思って、納戸を覗いてみたのです」

お糸はここまで言って、ぶるぶるっと身をふるわせた。

「へえ、いったいどうしました。誰かおりましたか?」

隣りの奥さんは、こう訊いた。

「誰かどころじゃありません。犬のような大きな猫が、後ろ足で立って、納戸の中をあちらこちらと踊り回っているじゃありませんか」

「えっ!　猫が後ろ足で立って……」

「ええ……」

「その猫は、どこの猫ですね。お前さんの家にいた猫じゃないんですか？」

「ええ、わたしはきっとそうに違いないと思いますよ」

「だけど、近ごろはちっとも姿が見えないじゃないですか」

「ええ、わたしは猫の姿を見るのもいやなものですから、主人に話しますと、それじゃどっかに捨ててしまおうと言ってましたところ、それっきりどこに行ったんだか、まったく姿を見せないようになってしまったんです」

「まあ、じゃなんでしょう、どっかの家になついてしまったか、やはり以前養われていた家が恋しくなって、また戻って行ったんでしょう。それにしても、後脚で立って踊り回るなんて、そんなことがあるものですか。そりゃ、お前さんが猫が嫌いなものだから、そんなふうに見えたんですよ」

「いえ、本当なんです」

「まさか……」

隣りの奥さんは、お糸の言葉をなかなか信じなかった。

「じゃ、おばさん、とにかく行ってごらんなさい。きっとまだ踊っていますから」

お糸はまだ蒼くなってふるえていた。

「よく昔話にはあるが、猫が踊るなんて……。奥さん、なにを見たんだか……」

隣りの奥さんは、そそくさと出て行きお糸の家に入って、納戸に行ってみたが、そこには猫の子一匹いなかった。

「オホホホホ、それごらんなさい。奥さん、なんにもいないじゃありませんか」

と自分の家にいるお糸に声をかけると、

「本当ですか……」

と言いながら、お糸も隣りの家から出てきて、自分の家の門口に来て、なにか中に怖い物でもいるかのように、そっと覗き込んだ。

「まあ、奥さん、昼日中、起きていて夢を見るなんて……。来てごらんなさいよ。なんにもいやしませんから……」

「じゃ、きっともうどっかに行ったんですよ。でも、確かに大きな猫が踊っていたんですもの……」

　確かにもう猫の姿は見えなかった。

「ごらんなさい、なんにもいないでしょう」

「ええ、今はいなくなったんですけれど、確かにいたんですもの……」

「オホホホホ、あなたは猫が嫌いだから、きっとそう見えたんですよ」

「いえ、踊っていたのは確かなんです」

　それからお糸は、隣りの奥さんに茶などを出して、近ごろ夜中になると、毎晩恐ろしい夢を見てうなされることや、天井から猫が覗いていたことなどを話して、

「けれど、もう天井からは覗けないでしょう。主人があの通り、しっかりと釘づけにしてしまいましたから……」

と言って、秀さんが釘づけにした天井のところを指さした。

「まあ、そう、いいえ、それはよくあることなんですよ。猫が窓の外からでも覗くと、寝ている者がうなされるってことはね。猫でなくとも鼠にでもうなされるから、梁《はり》の下なんぞには寝るもんじゃないって言いますからね」

隣りの奥さんも、猫が踊っていたということは信じなかったけれど、猫に睨まれてうなされたことは、嘘だとは言わなかった。

今はいないけれど、またいつ踊り出さないとも限らないので、お糸はなるたけ隣りの奥さんを引き留めるため、色々な話を持ちかけた。

咽喉笛に嚙みつこうとした

晩方に、秀さんが帰ってくるまでは、お糸はビクビクものでいた。

秀さんが帰ってくると、すぐに猫が納戸で踊っていたことを話した。すると、秀さんも、「馬鹿な！　そんなことがあるものか。人間だってなかなかおいそれと踊ったりなんかできるものじゃないのに、まして、畜生の猫が踊るなんて、そんな馬鹿なことがあるものか」

と、隣りの奥さんと同じように、なかなかお糸の話を信じなかった。それでもお糸は、

「だって、本当にわたしは見たのですもの。後脚で立って、こんなふうにして……」

と、踊っていた格好までして見せた。しかしながら、猫はまったく姿を見せなかった。

その夜は、別に夫婦はすることもないので、早くから床に入ったが、天井の穴をふさいだので、もう猫が覗くようなこともあるまいと、安心して床に就いた。

ところが、また秀さんは夜中に目を覚ました。枕を並べて寝ていたお糸が、

「う〜ん、う〜ん」

と、いつものように、さも苦しそうにうなされ出したのである。

「お糸、またうなされているのか。よく夢を見るやつだ」

と声をかけたが、お糸は相変わらず「うん、うん」いって苦しんでいるので、秀さんは、

「おい、おい」

と、激しくお糸を揺り起こした。お糸はやっと悪夢から覚めて、

「あっ、あっ、苦しかった。あんた、なぜ早く追い払ってくれないのです」

と言い、目をキョロキョロさせて全身ビッショリ脂汗《あぶらあせ》をかいていた。

「早く追い払ってくれって……、夢を見ているからで……。なにかが来て災いをしかけているわけでもないし、そんなことができようはずもないじゃないか」

と言うと、お糸はまだそこらになにか恐ろしいものでもいるように、

「いいえ、夢じゃないのです。ちゃんと、あそこにかかっている着物も見えていれば、あんたの寝顔だって、ようく見えているんですもの……」

「着物が見えたり、おれの寝顔が見えたりしていて、どんな夢を見たというんだい」

「夢じゃないんですよ。今日、納戸で踊っていた大きな猫が、わたしの上に乗って、首を締めたり、咽喉笛に嚙みつこうとするんですもの。だから、あんた助けて助けてと、いくら呼んだって、あんたはぐうぐう寝ていて、ちっとも猫を追い払ってくれないんですもの。どんなに怖かったかしれやしない、ああ、苦しかった」

「そんな馬鹿なことがあるものか。猫が乗っかって首を締めたり、咽喉笛に嚙みつこうとしたりなんか……。だから夢だというんだ。誰だって、よくそんなことがあるもんだ。誰だか分からないが、上からぐんぐんのしかかったり、首を締めたりするから、一所懸命声を挙げて、人を呼んでいるのだが、その実、夢で呼んでいるのだから、声を出しているようでも、ちっとも声なんか出してやしない。ただうんうん言っているだけなんだ。だから今だって。おれがふと目を覚ましてみると、お前がうんうんうなされているので、揺り起こしたんだ。夢だよ……」

「いえ、どうしても夢じゃない。あの家にいたぶちなんです。ぶちはぶちですが、家にいたときと違って、それはそれは大きくなっているんです。あの猫がなにかをしかけているに違いない……」

お糸はどうしても、夢ではないと言い張ったが、秀さんは、

「馬鹿だな、そんなことがあるもんか。それに、あんなに家で可愛がっていたんだもの、家の者になにかをするわけがないじゃないか」

と、お糸の言うことを打ち消していた。

お糸は眠るとまたどんな目にあわされるかしれないと思い、とうとう翌朝まで一睡もしなかった。

翌日、秀さんはまたいつものように仕事に出かけた。そのあとで、お糸は裏の井戸端に出て洗濯をしていたが、それが終わって家に入ってくると、またもや納戸の方で人のいるような気配がする。昨日と同じように猫が踊っているのに違いないと思った。そっと足音を立てないように裏口から出て、隣りの家に行った。そして、

「おばさん、おばさん」

と小声で呼んだ。隣りのおばさんは、

「おや、お隣りの奥さん、どうしたんです。もう今日は起きていて……。夢を見ないのですか」

と笑いながら言った。

「まあ、起きていて夢を見ないのかなんて……。さあ、おばさん、わたしの言ったことが本当か嘘か、早く来て見てください」

「なにをです？」

「今ね、主人が出て行ったから、裏の井戸端で洗濯をしていたのです。そして家の中に入ってみると、またなんだか納戸に人がいるようなんです。きっと昨日のように、猫が踊っているに違いないと思いますから、早く来て見てください」

「オホホホホ、まだそんなことを言っているんですか。そんな馬鹿なことがあるもんですかね」

「馬鹿なことがあるかないか、来てみてくだされば分かります。ぐずぐずしているうちに、またどこかへ行ってしまいます。おばさん、早く、早く」

お糸が目の色を変えて言うので、隣りの奥さんも、

「そうですか……」

と、半信半疑で立ち上がった。

「おばさん、そっと行ってみてください。足音をさせると、逃げるかもしれないですから」

ふたりは抜き足差し足で歩いてゆく。隣りの奥さんのあとから、お糸は胸をドキド

キさせながらついていった。

　まさかと思っていた隣りの奥さんがひょいと覗くと、その瞬間、
　とあとずさりをした。同時に、ガサガサッと大きな音を立てて、ぶち猫が納戸の窓から飛び出した。ふたりは猫が飛び出した窓から外を見たが、もうそのときにはどこに逃げたものやら、猫の姿は見えなかった。

「あれっ！」

「おばさん、嘘じゃないでしょう。踊っていたでしょう」

「まあ……、本当でしたね。奥さんが昨日話したように、後脚で立って、こんなふうに踊っていましたよ」

「そうでしょう」

「確かに、奥さんの家で飼っていたぶち猫でしたよ。なにしろ、秀さんのお母さんやお父さんが亡くなったときに、まるで人間のようにボロボロ涙を流していたくらい利口な猫です。だから、あんなことくらいはあるかもしれませんよ」

「わたしが毎晩恐ろしい夢を見てうなされるのも、みんなあの猫の仕業なのです。昨夜なんか夢ではなくて、掛けてある着物も見えており、主人の寝顔も見えているのに、大きな猫がわたしの上に乗っかって、首を締めたり、咽喉笛に噛みつこうとしたりするんですもの。主人を一所懸命に呼んでもなかなか起きてはくれないし、そのうちに、

やっと主人が起きてくれたので助かったのですけれど、主人も『そんな馬鹿なことがあるもんか』と言って、なかなか本当にしてくれないのです。わたし、もうこんな家にいるのは気味が悪くて……。今から実家に帰ろうかしら……」

「そんなことをする人があるものですか。秀さんが帰ってから、秀さんに話して、それからのことにしたらいいでしょう」

「でも……」

「だって、秀さんに黙って実家に帰るなんてよくないですよ」

「じゃ、おばさん、後生ですから、主人が帰るまでおばさんの家に置いてください」

「ええ、ええ。そりゃあかまいませんよ」

お糸は隣りの奥さんに頼んで、そこに置いてもらうことにした。秀さんが帰るのを待ちながら、これまで毎晩悪夢にうなされたことや、猫が嫌いだからと言ったら、秀さんも「それじゃ捨ててしまおう」と言っていて、その翌朝から、ぶちが姿を見せなくなったことなど、色々な話をして時を過ごした。

化けて出た

晩方になって、秀さんが戻ってきたので、お糸はすぐに、

「あんた、わたしを実家に帰してください」

と、藪から棒に言った。

　秀さんは、実家に帰してくれというお糸の言葉があまりに突飛なので驚いた。

「えっ！　実家に帰してくれだって……？　どうしてそんなことを言うのだい。おれに愛想が尽きたのか」

「いいえ、決してあんたに愛想が尽きたなんてことはないけれど、わたしはもうこの家には辛抱していられないのです」

「なぜ？」

「なぜって、あのぶち猫が化けて出て、わたしになにかを仕掛けるから、こうしてこの家にいると、今にわたしは取り殺されてしまうことになるから、とにかく実家にしばらく帰しておくれ」

　しかし、秀さんは、猫がなにかを仕掛けるなど、本当とは思えなかった。

「お前はなにかというと、猫が化けるだの、なにか災いを仕掛けているなどというが、そんなことがあってたまるか」

「だって、わたしが毎晩うなされて苦しむのも、きっとあの猫の仕業に違いないんです」

「馬鹿だな、そんなことがあるもんか」

「いいえ、馬鹿なことがあるもんかといったって、納戸で踊ったりなんかするくらいの猫ですから、なにかを仕掛けるくらいのことはなんでもないことですよ」

「なんだ、お前はまだそんなことを言っているのか。猫が踊るなんて、そんな馬鹿なことがあるもんか。そんなことを他人にでも言ってみろ、それこそ笑われるぞ」

「ところが本当なんだよ。今日もね、あんたが出て行ったあとで、わたしは裏の井戸端で洗濯をしていて、家の中に入ると、なんだか納戸で音がするから、てっきりまた踊っているに違いないと思ったから、そっとお隣りのおばさんのところに行って話したら、お隣りのおばさんも『そんな馬鹿なことが……』なんて言っていました。『まあ、嘘か本当か来てごらんなさい』と言ったら、おばさんは半信半疑で、家の納戸の入口に来ると、わたしが言ったように、猫が後ろ足で立って踊っていたんです。おばさんがびっくりして、『あれっ！』と声を立てると、大きなぶち猫が恐ろしい音を立てて窓から飛び出したんですよ」

「じゃ、隣りのおばさんも見たというのか」

「ええ、だからわたしの言うことが嘘だと思ったら、隣りのおばさんに訊いてごらんなさい」

　こうなると、秀さんも放っておけないので、隣りの家に行って訊いてみると、やはりお糸が言うように、初めはなかなかそんな馬鹿なことがあるものか、と本当とは思われなかったけれど、行ってみると、納戸で猫が踊っていた。その猫は確かに秀さんの家で飼っていたぶち猫でした、と言うのであった。

秀さんはほとほと困ってしまった。家に帰ってくると、

「どうでした。お隣りのおばさんも確かに見たとお言いなさったでしょう」

「うむ……。だが、俺がいるときには、そんなことがないというのは不思議だ」

「あんたがいるときなら、わたしだってそんなに恐ろしいとは思わないけれど、わたしひとりのときだから、恐ろしいんですよ。どうしてもしばらくは実家に帰してください」

「待て待て、実家に帰るといっても、今から帰るというわけにもいかないし、もう一日待ってみろ。明日はおれが仕事に行かないでいて、そっと様子を見ていて、もしも踊りだしたら、ひと思いにたたき殺してやるから……」

と言って、お糸が実家へ帰るのを延期させた。

ところが、その夜も、真夜中ごろになって、秀さんが目を覚ましてみると、お糸は前の晩のように、うんうんうなされていた。

「おい、おい、またうなされているのか」

と秀さんはお糸を揺り起こした。

「あっ、あっ、苦しい。あんた、なぜもっと早く追い払ってくれないのです。ご覧よ、わたしの顔も、手も、こんなに猫にひっかかれてしまって……」

お糸は秀さんの前に両手を差し延ばしたが、毎晩、点けている有明行灯が消えていて、真の闇で分からないので、

「暗くて分かりゃあしない」

と言いながら、秀さんは起き上がって、灯を点けて、お糸の顔や手を見たが、別にどこもどうもなっていない。

「それ見ろ。だからお前が夢を見ているのだというのさ。顔にだって手にだって、傷ひとつありゃしないじゃないか」

言われてお糸も、自分の手を見ると、なるほど蚊に刺されたほどの傷もない。

「おや、確かにあのぶち猫が、顔や手足をひっかいたはずなんだが、おかしいねえ」

「そんなことはないよ、夢さ」

言われてみると、お糸もそれじゃ夢かしらと思ったが、やはりそれからは、眠ったらまた今のような悪夢に襲われはしないかと思ったので、朝まで一睡もしなかった。

翌日、秀さんは仕事に行くのを止めて、棍棒《こんぼう》の用意をして、猫が来て納戸で踊り出したら、ひと殴りに殴り殺してやろうと待っていた。だが、とうとう猫は踊りに来なかった。

「それ見ろ。本当に猫が踊りに来るのなら、今日だって来て踊りそうなもんじゃないか」

と言うと、

「そりゃあ、今日はあんたが殺してしまおうなんて言って、こうして待ち構えているから来ないいんだよ。それがわたしばかり見たのならならなんだけど、現にお隣りのおばさんだって見て知っているじゃありませんか」

お糸はそうでなくとも、毎晩恐ろしい夢を見て、とてもこの家に寝起きすることはできないから、どうしても実家に帰してくれという。

「そんなに言うのなら、明日の朝になったら、一応実家に行ってみなさい。そのうちに、おれが猫を見つけたら、すぐに叩き殺してしまうから、そうしたら、踊りにも来なければ、夢を見るようなこともあるまいから……」

秀さんも、お糸が実家へ帰ることを余儀なく承知した。

その晩も、お糸は悪夢に襲われた。

お糸は和歌山在の実家へ帰った。秀さんは当分独りになって、自分で炊事をしなければならなくなった。

猫が火吹き竹をかついで

実家へ帰ったお糸は、父や母にこのことを話すと、父は、

「うむ、あの猫はただの猫じゃない。きっとなにかをするような猫に違いないと思っ

ていたんだ。姉や兄貴が死んだとき、まるで人間のように泣いていた。ただの猫とは思われない」

と言った。

お糸は実家に来れば、もう踊りを見せられたり、悪夢に襲われて、苦しい目をしたりするようなことはないと、その夜は安心して父や母と色々な話をしていると、裏の方で「ニャア、ニャア」という子猫の鳴き声がしたので、お糸はぎょっとした。

お糸が驚いた様子を見て、父は、

「ハハハハハ、驚くことはない。誰か猫の子を捨てていったんだろう」

と提灯を点けて、

「猫とみては、どんな猫でもしゃくにさわってしようがない。たたき殺してやる」

と言って土間から手頃な薪を抜き取って、スタスタと外へ出ていった。

お糸は例のぶち猫の声ではないと分かっていても、鳴き声を聞いて縮み上がり、ものも言わずに母親と顔を見合わせていると、父が出ていってからまもなく、「ギャア」という異様な声がしたかと思うと、

「小さな痩せこけた猫の子を、あの柿の木のそばに誰かが捨てて行ったとみえて、ニャアニャア鳴いていやがったから、薪で殴りつけると、ギャアと言ってくたばってしまった」

と言いながら、父が入ってきた。

「あんた、殺したのかい?」

母親が訊くと、父親は平気な顔で、

「うむ……」

「死んだ猫は……?」

「うむ、裏の川に投げ込んできた」

「そうかい」

母親も可哀そうにという顔を見せなかった。

広くもない家のことであるから、両親とお糸と三人は八畳間に、兄と兄嫁は納戸に寝た。

夜中、兄の仙吉がふと目を覚ましてみると、座敷に寝ている三人が「うんうん」と苦しそうにうなっている。

「どうしたんだ。夢を見たのかい」

と言いながら、三人を揺り起こすと、三人はやっと悪夢から覚めたと言いながら、互いに顔を見合わせていた。父親も、

「ああ、ああ、どうもこんな苦しい目にあったのは生まれて初めてだ」

と言うと、母親も、

「わたしもこんな恐ろしい夢を見たのは初めてだ。あんたはどんな夢を見たんだい」

と訊いた。

「おれか、おれがこうして寝ていると、どこからとも知れず、大きなぶち猫がやってきて、おれの咽喉笛に食いつこうとするから、『こん畜生！』と言って、起き上がろうとすると、今度は痩せこけたちっぽけな猫が何百匹ともしれず出てきて、おれの足といわず胴といわず乗っかって、どうしても起き上がることができないから、『仙吉や、早くきて助けてくれ、助けてくれ』と、大きな声で怒鳴ったんだが、仙吉はどうしても来てくれない。そのうちに大きなぶち猫は、おれの咽喉笛に食らいついたので、『仙吉、仙吉』と怒鳴っていたところを、仙吉に起こされたのだ」

と話した。すると母親は、

「えっ、それじゃ、あんたも、そんな夢を見たのかね。わたしが見た夢もそれとちっとも変わらないよ。わたしはまた、あんたがそんな目にあっているとは知らないものだから、『あんた、あんた』と言って、あんたを揺り起こそうとして、あんたの方に手を伸ばすと、痩せこけた子猫がわたしの腕をひっかくので、揺り起こすことができず、『あんた、あんた』と呼んでいたのさ」

と、まだなにかに脅《おびや》かされたような顔をして言った。

お糸が見た夢も、父母が見たものと少しも変わらなかった。

その翌日、兄と兄嫁とは野良仕事に出かけ、両親は家の周囲の畑で仕事をしていた。お糸は縁側に出て、縫い物をしていたが、昼飯時になったので、ご飯の支度をしようと立ち上がり、土間の方へやってくると、納戸に誰か人がいるようなので、（おや、姉さんは兄さんといっしょに仕事に行ったはずなのに、いつのまにか帰ってきたのかしら）と何の気もなしにひょいと覗くと、秀さんの家の納戸で見たように、大きなぶち猫が火吹き竹を肩にして、盛んに踊っていたので、お糸は、

「あれっ！」

と言いざま、両親が仕事をしている畑に逃げていった。両親はただならぬお糸の姿を見て、

「どうした、お糸。なんで逃げてきたんだ？」

と訊くと、

「大変、大変」

と言ったなり、口もきけないでいる。

「なにが、なにが大変なんだい。火事でも起こしたのか？」

と父親が尋ねると、

「いえ、そうじゃないのです。秀さんの家でのように、大きなぶち猫が家の納戸で火吹き竹をかついで踊っています」

と、やっとのことで説明した。

「えっ、そんなことがあるもんか。お前の気のせいで、なにかがそんなふうに見えたんだろう」

父も母もなかなか本当とは思わなかった。

「いいえ、気のせいなんて……。そんなことはありません。早く行ってみてご覧なさい」

と言うので、両親は足音をしのばせて家に入り、納戸の方へきてみると、なるほど、確かに秀さんの家にいた猫が、火吹き竹をかついで踊っている。その横では前の晩に、父親が薪で殴り殺した瘦せた子猫が骨ばかりのような前足を振り回して踊っていた。このありさまに、両親は「あっ！」と叫んで尻餅をついたが、その物音に猫は驚いて逃げると思いのほか、尻餅をついて腰を抜かしてすぐに逃げることができないでいるふたりの方へしだいに近づいてくるので、ふたりはますます驚いた。

こうして十分ばかりというものは、ふたりの回りを取り巻いて踊っていたが、そのうちにガラガラと大きな音がしたかと思うと、猫の姿はかき消すように消えてしまった。

ふたりはやっと正気づいて立ち上がったが、ワナワナとふるえていた。

お糸は両親のあとについて入ろうとしたが、見ると両親が尻餅をついて、その周囲を二匹の猫が踊り回っているので、恐ろしさに家の中に入ることもできず、門口で小さくなってふるえていた。

三人も踊り出した

その晩も、三人は前の晩と同じように悪夢にうなされたので、これはきっと猫が祟っているに違いないと思い、翌朝、ただちに行者を頼んで祈禱をしてもらった。ところが、その日の正午ごろになると、またもや二匹の猫が現われて、納戸ばかりでなく、座敷といわず、土間といわず、家の中をあちらこちらと踊り回って、二十分間も踊ったあげく、家鳴《やな》りとともに姿を消してしまった。

夜になるとまた三人は、同じような夢を見て苦しめられる。初めのうちは、誰にも語らなかったが、どうしたらこの猫の祟りから逃れることができるだろうかと思い、村中の誰彼に訊いてみた。すると、やれどこの何様にお参りをするとよいとか、何様のお茶をいただくとよいなどと教えてくれる。それで、その通りにしてみたが、猫の踊りと悪夢に襲われるのは止まなかった。

こうして猫が踊るまではよかったが、終《しま》いにはお糸も両親も猫が踊りに来るころになると、急に気が変になって、猫と一緒になって踊るようになった。こんなことが一週間ばかり続いたが、ちょうどある日のこと、猫と一緒に踊りだした三人は、終いには取っ組み合いをはじめ、いがみ合う有様はまるで猫が喧嘩をしているようであった。人が止めようとしてもとても手に負える状態ではなかった。

半日というものは、互いに噛むやらひっかくやら、傷つけたり、傷つけられたりして狂った揚げ句、とうとう三人枕を並べて狂い死にをしてしまった。

秀さんはぶち猫を見たら殺してやろうと待っていたが、もう一度ぶち猫の姿を見ることはついになかった。

（原題『踊り猫の祟り』やみのくれなゐ、富貴堂書店、大正十二年六月）

闇の人形師

深夜の死美人

コツンコツンと靴の音。それに混じって、ときおりガチャン、と佩剣《はいけん》のもつれる響き、やがてその黒い影は、ゆっくりと弁慶橋内の清水谷公園の入口に近づいてきた。管内巡査の小堀千太郎巡査である。

時は明治三十九年十月二十一日深夜十一時過ぎのことである。今日のネオンサイン時代なら、午後十一時過ぎを深夜などといったら笑われるだろうが、その当時の東京は、夜の十時を過ぎれば、もう夜更けである。まして山の手のその時刻は草木も眠る丑《うしみ》三つ時（午前二時ころ）と変わらなかった。

「異状はないかな？」

巡査の視線が園内の紀尾井坂上の露と消えた、維新の元勲大久保利通の殉難記念碑の前までゆくと、ピタリ止まった。

秋も終わりに近い夜風が、カラカラと地に落ちた病葉《わくらば》を寂しげに掃いているのに、一人しょんぼりベンチに倚《よ》ってうなだれている人影がある。

「おや、酔っ払いかな」

小堀巡査が歩み寄ってみると、それは頭を束髪に結った、若い女であった。

「もしもし、こんなところに眠っていると、風邪をひきますよ」

軽く肩口をゆすったが返事がない。今度は少し邪険に押しながら、

「君ッ、君ッ、起きるんだよ」

うなだれた首筋に手を掛けたとき、ズーンと氷のような冷たさが指の先から伝わってきた。（ただごとじゃない！）と感じた巡査は、官服のポケットから懐中電灯を取り出すと、その婦人の横顔を照らした。

白蠟のような貌《かお》は蒼白に沈み、きっと結んだ唇は紫色に変わり、瞳は堅く閉ざされている。変死……咄嗟にそう感じた巡査は、今度は正面から懐中電灯の光を浴びせかけた。

瓜実顔に目鼻立ちの整った上品な美人である。年齢は三十がらみで、藤色滝縞のお召縮緬《ちりめん》の袷《あわせ》を着、藤色無地の桔梗の一紋の縫い取りをした同じ羽織、それに草色無地に秋草模様を白く染め抜いた羽二重の帯を胸高にしめ、左手の中指にはダイヤ色の白《プラ》

金指輪《チナ》がキラリと光っている。脚下まで光の輪が下りたとき、小堀巡査は「うーむ」と唸った。

雪白な足袋が黒いまでに真紅の血潮で澱んでいた。

ただちに警視庁に報じると、小一時間と経たないうちに、当時庁内随一の評があった捜査係長望月源四郎警部が、佐藤、渡辺の両刑事と、小柴警視庁医を随え、自動車で乗りつけてきた。現場には熊木赤坂署主任が小堀巡査と共に厳重に見張りを行っていた。

ベンチの上に婦人を横たえ、まず外傷の有無を調べ、帯をほどいて胸を大きく左右に開いたとき、覗きこんだ小柴医師がひと声「あっ！」と叫んだ。

そこにはあるべきはずの両の乳房がなく、暗い不気味な抉《えぐ》られた肉孔《にくこう》が、ポッカリ口を開けていた。しかも、その血の池から流れ出した鮮血が、下半身全体を蘇芳《すおう》に染め、鬼気迫る凄惨さである。

明らかにこれは他殺である。おまけに女の乳房を狙った以上、変態的な犯人に相違ない。殺害は他所で行われ、ここまで運んできて遺棄したと思われる。念のため、ベンチの付近をよく見ると、そこに二筋の轍《わだち》の跡がハッキリと印せられ、黒々と血の滴《したた》りらしいものもある。車は人力車であるらしく、それは弁慶橋の方角へ走っていったと推定される。

　現場の検証を終えると、死体はただちに自動車で警視庁に運ばれ、鑑識室へと入れられた。所持品は一物もなく、身元を探す手掛かりはどこにもない。やむなく死面を撮って、写真で手配することとし、最後に遺体を解剖室へ移した。

　素裸にした死体から、こびりついた血潮を拭き取っていた小柴医師が脇の下に眼をやったとき、「おや！」と怪訝《けげん》な顔をして、立会いの望月警部を手招いた。

「ご覧なさい、この婦人は世にも珍しい特異体質ですよ」

「特異体質？」

　返事の代わりに医師の指が上体のある一部を指さした。漆黒の腋毛に続いて、ふっくらと、そこには盛り上がった肉体の丘があった。

「まるで乳房のようじゃありませんか？」

「ええ、乳房ですよ。本当の乳房は抉り取られてますが、これは副乳房というものです。学説では承知していましたが、眼にするのは今が初めてです。おそらく日本では大学医科創設以来、最初でしょう。ドイツのメッケ博士は、人類進化の原理から論じて、動物の多乳質から二乳質に変化した人類は、今日でも働きをなさない副乳房を五個は持っているはずだと言っております。だが、実例としては、はなはだ稀で、かつて十九世紀の中葉に、オランダのメヌリー博士によって、完全な五房を持った成熟婦人のことが報ぜられた以外、今までに未発達の副乳房の発見報告が二、三、学界にあったただけです。この婦人は正しく四つの乳房を持っていたのですから、世界的な発見です。生きていたら、学界の珍宝なのに、惜しいことですなあ。だから、当然、この事件はよほどの怪奇性を帯びていると思われますが、いかがです?」

警部は、その説明を聞きながら、片手で奇怪な副乳房の感触を弄《もてあそ》びながら、「ふーむ」と深い溜息をもらした。

特別家出人

解剖の結果、さらに意外な事実が発見された。それは大腸下部にあった皮肉の一片が、多量の毒薬アヒサンを含んでいたことで、絶命時が死体の発見前数時間と測定されることからして、死因は乳房の抉出からではなく、むしろ服毒の結果であろうと推定された。「すると、死んだのちに乳房を切り取ったことになるが、それだと、『自殺か、毒殺か、……』という点が問題だが、これから先は、もう医師の畠じゃないですな、ハハ……」

「そうです。そこまでは解剖では判りません。アヒサン中毒という断定だけです。あとはあなた方の腕に期待するだけですよ。えーと、身分は労働をしない中流以上の婦人で、年齢は三十歳前後、まだ懐妊した痕跡はありません」

「だと、独身婦人ですかな」

「その点は不明だが、処女ではありません。夫があるかどうかは別として、ごく最近まで女の務めは立派に果たしています」

「ふーむ。すると情的関係あり……か。いずれにしろ、乳房を切り取った面から見て、変態男の介在は間違いなしのようだな」

「その推測には、僕も賛成します」

小柴医師は死体の片手を持ち上げて、未練らしく副乳房の方をしげしげと見つめていたが、突然、なにを思ったか、鞄の中から一枚の白紙を取り出し、その上に今まで抱えていた女の片手の指を載せて、ナイフの先で爪のあいだからなにかをほじくり出し始めた。右がすむと左、まもなく紙の上には少量ながら白い細かい粉が積もった。

医師は、それを鼻に近づけ、しきりに匂いを嗅《か》いでいたが、どうも解《げ》せぬ……という感じで、警部の鼻先へ押しつけてきた。

「まあ、嗅いでご覧なさい。爪先が余りに白いので、白粉かと思いほじくり出してみましたが、違います。この匂いからみると、石灰質の細粉のはずだが、ひょっとすると、貝殻類の粉かもしれません。なにかの手掛かりにはなろうかと思います。職業の割り出しなどにね」

「こりゃあ畏れ入りました。早速鑑識へ回しましょう」

警部と医師が、捜査主任室で一服しているあいだに、鑑識課からは早々と、顕微鏡検査の結果を知らせてきた。それは貝殻の粉、しかも蠣《かき》の古い殻を細かに砕いたものだということが判った。そういう物を扱う商売といえば、料亭か鳥の餌屋しかない。だが、服装の点から、そのいずれもがピッタリとしない。

「これはちと難物だぞ」

と、警部は独り言を言いながら、窓の方に眼をやると、そこにはいつのまにやらうっすらと曙光が動き始めていた。

夜明けと同時に、警視庁は本格的活動を開始した。市内外の各署へ十月二十日前後の各管内の家出人捜査届を至急報告させる一方、蠣料理屋を目標に、その店の多い日本橋本所を中心に、刑事の内偵が始まった。だが、徒《いたずら》に日が経過するのみで、なに一つ有力な聞き込みさえも得られなかった。

はや一週となる二十七日の朝、望月警部が連日の徒労に、いささかがっかりして本庁の自分の室に入ると、そこには佐藤、渡辺両刑事が控えていた。

「吉報ですっ！　お待ちしていました」

「なにっ、吉報！　糠《ぬか》喜びじゃあるまいね」

「こ、これです。被害者の身元が知れました」

差し出した一通の「家出人捜査願い」の上に、大きくベタリと「秘」の朱印の太鼓判が捺《お》されてある。これは「特別家出人」と言われ、華族その他社会的に有力な上流階級の家出人だけを特別扱いにすることを意味していた。

何気なく、警部が添付された被捜査人の写真を一見した瞬間、「あっ！」と驚きの声を挙げた。写真の婦人は紛《まご》う方なく、あの死美人にそっくりであった。ためつすがめつ幾度眺めても間違いがない。念のため、先夜写した死面写真を取り出し、引合わせてみても、生き顔と死に顔との違いこそあれ、寸分の相違も見出されない。その至急手配の依頼通牒は、麴町警察署からのものであった。

願書によると、姓名は水無瀬《みなせ》志津子（三十一歳）、住所は麴町区平河町九丁目八番地、華族の令嬢とある。着衣は藤色滝縞のお召縮緬に、藤色無地の同じ羽織に桔梗一つ紋の縫い取りしたのを重ね、草色無地に秋草模様の白く染め抜いた、羽二重の帯を締めているうえに、左手中指に宝石入り白金の指輪をはめ、束髪、面長な瓜実顔とあるところから、あの死美人の身につけた物といささかの違いもない。

両刑事もはっきりとは断定はできないけれど、写真といい、着物といい、こうまで偶然の合致はあり得ないことから、「まあ十中の八、九、本人でしょう」と認定した。

そこで、家出の原因はと読んでみると、去る十月二十一日朝、京都市烏丸通八丁目洞院入ルにある同家の本家たる水無瀬男爵邸に、叔母の勝子刀自《とじ》を訪問し、同時に貞蓮派の人形展覧会を見物してくる、と言ったまま、予定帰京日である二十五日になってても帰京せず、それで留守居の老女川田松子（六十三歳）が、本家に手紙で問い合わせてみると、奇怪なことに志津子は本家を訪問しておらず、そこであわてて京都の親戚、東京の知人などあらゆる心当たりを探したけれど、皆目行方不明……。やむなく当局の手により至急捜査手配をされたい、というのであった。

警部は、貞蓮派の人形展覧会というのにちょっと首をかしげたが、これは川田老女に会って聞かねば、どうとも納得がゆかないので、変死の通知かたがた、自ら水無瀬家を訪問することに決め、早速自動車を平河町に飛ばした。

乳房の謎

玄関先で来意を告げると、望月警部はただちに奥へ通された。そこには白髪頭の川田老女が、上使でも迎えるような厳粛な格好で座っていた。

持参の油紙包みを開き、警部が順次に着衣、指輪などを取り出し、最後に不気味な死面写真を差し出すと、震える手で受け取った。老女は、しばらく老眼を瞠《みひら》き、熟視していたが、突然、「わっ！」と泣き伏した。

「し、志津子お姫《ひい》様、どうなされたのでございます。こんなあさましいお姿におなり遊ばして……。お可哀そうに……」

この嘆きの深さから見て、警部は死美人がもはや志津子に相違ない、と判断した。

そこで、声をひそめて老女の耳に、そっと副乳房のことを訊いてみた。すると、今まで泣きぬれていた老女が、キッと体を正すなり、奇っ怪千万とばかり、警部に食ってかかった。

「と、とんでもない。お姫様は身体に欠陥などございません。れっきとした血統の水無瀬家のお姫様です。慮外なことを言いますと、許しませぬぞっ!」

昔のように懐剣でも持っていたら、「無礼者っ!」とばかり、ひと突きにでもしてきそうな剣幕である。その真剣な様子から、これは芝居ではなさそうだとは思いながらも、死美人が志津子であるなら、副乳房がある以上、事実は偽りようがないじゃないかと思った。

「ご老女、なるほど、お怒りはごもっともと思いますが、この写真が志津子さんだとすると、死骸の腋の下に……」

と、言いかけるのを、老女はなおも引ったくるようにして、

「ウソです、嘘です。私はお姫様を赤様のときから手塩に掛けています。お姫様のお体のことなら、黒子一つでも見落としてはいません。だのに、欠陥があるだなんて、無法な言い掛かりも大概になさいっ!」

「へえ、左様ですかね。着物や指輪、写真までが同じで、体だけが違っている……、そんな馬鹿げた話が世の中にあり得ましょうか。いったい、警察がそんな嘘っぱちを並べて、なんの得がありましょう。まあ、気を鎮めて、も一度よく写真を見直してく

ださい」

　と、こう言われると、松子老女もまた不承々々《ふしようぶしよう》に死顔写真を取り上げ、今度は丹念に見入っていたが、しばらくすると堰《せき》を切ったような勢いで叫んだ。

「違いますっ！　違います。死んだお方の人相は、生きていたときとは多分に違うものだとは聞いていましたので、初めに見たときにはお姫様だと思いましたが、今、改めてよく見れば見るほど、他人の空似で、お姫様ではありません」

「ほう、すると、この衣類と指輪は、どう解したらいいでしょう。これはとんだおかしなことになりましたなあ」

「おかしくってもなんでも、それは致し方ありません。断じてお姫様はそのような体ではありませんから……」

　これはもう取り付く島もない。望月警部は、狐にでも化かされたような気持ちで、ぼんやりと水無瀬邸を辞した。

（だが、こんな子ども騙《だま》しな話はない、これはきっと、華族という名にこだわっての作為に違いない……）と考えた警部は、それならこちらの手であくまで乳房の謎を解いてやる、と心に決めた。

　そこで早速、お得意の身元調査に取りかかった。それによると、志津子の父母は、二十年ほど前に京都から東京に移住し、父は大蔵省に勤めていたが、彼女が十歳のおりに母が病没し、ついで数年後に父も他界し、志津子は哀れな孤児同様の身の上となった。それを川田老女が献身の愛で育て上げ、ようやく寂しい環境ながらも成人し、年頃となったおり、京都の本家をはじめ、二、三の家から養子話も出たが、どうしたことか、その美貌にも似ず、いずれも縁談は不調に終わり、三十代の老嬢《オールドミス》時代を迎えたのであった。

「美貌と名門の出という好条件を持ちながら、なぜ、彼女は独身であらねばならなかったのか?」

その疑問の謎は、副乳房であったがゆえに……と結びつけられないこともない。

警部は要は乳房の謎を解くことが大切で、それ以外に事件解決の捷径《しょうけい》はないと思った。そこで警部は今度は水無瀬家へ常時出入りする主治医に当たってみた。

その主治医は麴町紀尾井町の龍仙堂医院長岸川医学博士であった。

行政裁判所脇に、堂々たる門戸を張った龍仙堂医院は、当時の上流階級を相手とする有力な町医で、その院長である岸川博士は、手腕、人格共に卓抜だという評判で、世間の信用厚い人物であった。

望月警部が暮夜、ひそかに同院を訪ね、岸川院長に水無瀬志津子の肉体の秘密の解明を頼むと、博士は鼻下の美髯《びぜん》を捻り上げながら、おもむろに語り出した。

「私は十余年このかた、志津子令嬢を診察してきましたが、あなたのおっしゃるような異状は認められません。況《いわ》んや副乳房というごとき一見して判明するものが、主治医である私に発見できない訳はありません。もっともここ一年余りは、全然診察していませんから、あるいは異常発達したかもしれませんが、思春期になんでもなかったものが、成人期に入って急に突発するというのも変です。こりゃあ川田老女の説の如く、別人ではないですかな」

（否定の弁であると同時に、また一部には肯定の匂いもする。だが、依然として残されたものは深い謎だけである。医師が患者の秘密を暴露することは、これは法律上からも堅く禁じられている。この盲点に気づかず、全幅の望みをかけたことが軽率であった）と警部は自嘲しながら帰庁したが、放っておけぬのは事件の解決である。

そこで今度は、彼女の生誕地である京都方面を詳しく調べることにし、部下の渡辺刑事を出張させることにした。

謎の百年貝

渡辺刑事が気負い込んで出発した翌日、すなわち十一月四日の朝、浅草新堀端警察署から、本庁へ奇怪な漂着物の届出があった。

それは、その日の早朝、菊屋橋派出所詰の内藤巡査が新堀河岸をブラブラと巡回中、満潮時の水中に不思議な角壜《かくびん》を発見した。長さ一尺、幅七、八寸ばかりのガラスの角壜である。これが普通のビール壜なら、ザラにあることで、別に巡査の注意も引かなかったろうが、なにか内容物があるらしいのと、その面白い回転運動で、思わずひょいと眼に留まったのだ。

「妙な壜だなあ」

これが世に言う予感であろう。内藤巡査は近くから竹片《たけぎれ》を拾ってきて、その角壜を片寄せて拾い上げた。

上から覗くと素通しだから、中は丸見えである。

赤ん坊の頭大の海月《くらげ》のような物が二つ詰まっている。お椀を伏せたみたいなその頂点に赤いつまみがある。海月につまみのあるのは変だと、なおよくじっと見つめると、それはなんと人間の乳房ではないか。

巡査は横っ飛びに新堀端署に馳せ帰ると、その奇妙な漂流物を署長室へ提出した。

乳房抉出事件で、世間が沸《わ》いていたときだけに、署長もとりあえず、この不気味な物を即刻警視庁へ届けることにした。

夢にまで乳房に憑かれていた望月警部は、この知らせを受けると、早速角壜を抱え、鑑識課へ持ち込んだ。小柴医師が壜を割って調べると、それはアルコール漬けのごくありふれた類いの物らしく見えた。

「望月さん、糠喜びですね。こりゃあ、そこらの病院によくある標本のアレですよ。

でも、不要になったからって、無造作に川に流すのはひどいですよ。罰金物ですよ」

「そうかね。でも、念には念を入れですよ。もう一度、よく調べてくれ給え」

「その執心や恐るべし、か。あなたの熱心さに感じて、もう一遍……」

今度は顕微鏡を持ち出してじっくり覗いていた医師が、

「あっ」

と、声を挙げた。

「望月さん、望月さん、こりゃあ驚いた。乳頭が少しおかしいから、ちょっと微細検査をしたら、これは女性のものではなく、異常発達した男性の乳房ですよ。しかも比較的新しい、約二週間前に切り取った……」

「えっ、男性の乳房?」

「二週間前といやあ、あの事件が起こった当座ですが、男性の乳房じゃあ、仕様がないですな」

「その通り、なんていうヘマ続きだろう」

警部は未練がましく、なおもその乳房を手に取って見ていたが、なにか不審を感じたらしく、医師へ質問した。

「ねえ、小柴君、病院の標本棚にあるのにしちゃあ、随分切り口が下手だなあ」

「うん、そう言えば確かにそうだ。すると、素人ということになるが、もしもそうだとすると問題になる」

煽《あお》られ続けの小柴医師は、少しテレ気味で、警部の追及に応えた。

とにかく、こう乳房ばかり出現しちゃあ、やり切れないということで、その日の鑑定は終わった。この乳房は証拠物件の一つとして、事件解決の日まで、保存することに決めた。

だが、どうしても、望月警部の胸は納まらなかった。妙に新堀端付近が気にかかるのだ。無駄だと思って、付近一帯を虱潰《しらみつぶ》しに洗ってみよう、という気になり、自ら陣頭に乗り出して、その日から早速、鳥越町、菊屋橋、門跡裏から合羽橋、入谷へと足をのばして、三筋町、栄久町、松清町と、軒別調査の洗い出し調査を行ったが、残念ながら必死の努力も徒労に帰した。ただ余禄として、チーハ賭博の犯人を捕らえ、その他二、三の収穫があっただけであった。

ちょうど三日目の夕方、その日もなんの収穫もなく、がっかりした警部が、新堀端の川っ縁に立ち、ぼんやりドロドロした堀の流れに見入っていると、脚下にゴソゴソと人の動く気配がする。(おや、なんだろう?)と、堀の中を覗くと、そこに浮浪人風の老齢の男が一人、干潮で洲《す》のようになった濁泥《どぶどろ》の底を、しきりに掘り下げている。

そして、なにかしら拾い出しては、腰の小笊《こざる》に入れている。金物類ではないらしく、黄昏《たそがれ》の鈍い光を受けて白く見える。

警部は不思議に思って、上から声をかけた。

「おい爺さん、すまないが、ちょっと上がってきてくれんか」

「わしだかね。ご用だと言わっしゃるあんたはいったい誰だねえ」

警部は、これだこれだと警察手帳を振って見せた。

「はあ、警察の旦那け、ぼつぼつ終《しめ》えにしようと思ってたところだで、今上がって行くだ」

やっと河岸へ這い上がった老爺へ、「朝日」を一本進呈すると、警部はもどかしそうに腰の小笊を覗き込んだ。中には腐りかけた貝類のボロボロになったのが、少しばかり入っていた。

「こんな腐れ貝、どうするんだね、鳥の餌にもなるまいに……」

「わしにも、なににするか分からねえだ。だが、これを値よく引き取ってくれる旦那があるでな」

「ほう、こんな物を値よく引き取る物好きな人がいるのかい。この濁《どぶ》川なら、こんな腐れ貝なんかは掃くほどあるだろう」

「どうして、どうして、そうでねえだ。これは蠣《かき》の百年貝ちゅうて、ひと昔も前に埋もれた古いやつで、新しいんじゃ駄目なやつさ。旦那、ちょっと触って見なせえ。こんなに紙のように軟らかになってなくちゃあ駄目だ。川底を掘り下げて取るんだが、このころじゃあもうタネ不足で、ロクに好きな酒も呑めねえ」

警部が貝殻を手に取って、指のあいだで潰してみると、まるで紙を剝ぐように、ボロボロに崩れる。そして指先が白粉の粉でもつけたように真っ白くなる。

突如、警部の脳裡を稲妻のごとく走ったのは、あの死美人の爪のあいだから出た白い粉のことであった。なにか関連性が……と思ったのは、さすがに職業柄である。一つの手掛かりになるかもしれぬと感じられたので、何気ない風を装って、さらにサグリを入れてみた。

「爺さん、そのお得意の旦那ってのは、どこの人だね」

「はあ、合羽橋の傍《わき》にある、寺本ちゅう仏具屋の裏に住んでいなさる、清浦とおっしゃる人形師の旦那でがすよ」

人形師、と聞いて、警部はさらにはっとした。が、それは顔色にも出さず、

「ほう、人形屋さんか。面白い物がいるんだね。やっぱりその道ではないと分からんもんだ。ご苦労さんだった。これで一杯やってくれ」

と、小銭を紙に捻《ひね》ると、老爺の手に握らせて別れを告げ、一目散に合羽橋巡査派出所へ駆け込んだ。

頁繰《く》る手ももどかしく、備え付けの戸口調査簿を拡げてみると、あった！　そこにはこう書かれている。

本籍　京都市烏丸通八丁目洞院入ル
　　貞蓮派人形師清浦貞観こと
　　　清浦政二郎（37）
　　妻　美代子（30）
　　弟子　松波清三郎

水無瀬家の老女に会ったとき、聞こうと思っていた貞蓮派人形展覧会のことを、つい聞き漏らしたことを、警部は再び思い返した。

（これは面白いことになってきたぞ）

係の巡査から、なおよく貞観のことを聞きただすと、彼は二年前の明治三十七年に東京へ移住し、主に貞蓮派の人形、すなわち京美人人形を専門に制作し、華族、富豪、旧大名などの上流階級へ出入りして評判よく、生活も豊かで、近隣の信用もすこぶる高いことが分かった。

「ふーむ、こんな人物こそかえって怪しい。案外食わせ者が多いからな」

この推測は、まさしく刑事《デカ》根性である。

雀色に昏《く》れた晩秋の街頭には、早くも濃い夕霧が煙のように立ち込めていた。

死美人と瓜二つ

　その夜、望月警部は、時の経つのも気がつかぬらしく、警視庁内の自分の一室で、眼前のテーブルの上に置かれた、死美人関係の書類を睨《にら》みつけながら、考えに耽っていた。

「えーと、人形師貞観が京都の人間で、しかも出生番地が、水無瀬志津子とまったく同番地というのはどういうことだ。こりゃあ偶然以上に不思議だ。しかも死美人の爪先から出た蠣の百年貝の粉は人形師が使うというのと同一だ。そのうえ、彼の住居の付近の新堀からは、これまた珍しい男性の切断乳房が上がっとる……。こりゃあどうしても疑わん方がおかしい。犯人の目標は人形師と決めた！　明日から完璧に周囲を固めてやろう」

　その翌日から、今までいささかたるんでいたかに見えた警部の顔が緊張して、再び猛烈な活動が開始された。

　まず、京都に出張中の渡辺刑事に至急電報で貞観と水無瀬本家との関係を、詳細に探るように命じ、自身は早朝から平河町の水無瀬家へ駆けつけ、再び川田老女に面会を求めた。部屋へ通って座が定まると、開口一番尋ねた。

「貞蓮派の人形師、清浦貞観というのをご存じですか」

「ああ、貞観さんですか。あの方なら、年に一遍、夏の土用に、お蔵のお人形のお手入れに参ります。なにしろ志津子お姫様は大のお人形好きで、たくさんお持ちでございますから……」

「今年も参りましたか」

「はい、土用中に、三日ばかり来ていただきました」

「立ち入ったお尋ねですが、人形の手入れ以外に、こちらへ伺うことがありますか」

「近年はほとんどありません。なにしろ、お家柄ですから、こちらにはいろいろと立派なお品があります。殊に京人形の優れたのがたくさんあるものですから、時に人形師が拝見させてくれ、と言って見えるのです。貞観さんも、東京へ出られた当座、一、二度見えましたように覚えていますが、別に親しくしている間柄でもありませんから……」

これではいささか拍子抜けだが、まんざら無縁でないと分かれば、今一段とサグリを入れねばならぬ。

警部は嫌がる老女を説得して、志津子の手文庫を調べ、そこからもなんら貞観からの来信のないのを確かめると、これは単なる顔馴染み程度だと判断した。

が、これくらいで失望するような警部ではない。貞観と水無瀬家のつながりを発見しただけでも大収穫だ。

それでいよいよ本城攻撃だと、その足で新堀端署に馳せつけ、同署付の刑事連の協力を得て、普段貞観と接触の多い付近の商店を一軒一軒当たってもらった。が、ここでも同家が近年の移住者で比較的馴染みが薄いのと、あまり近隣との交際を好まない性質のため、詳しい事情を知る者はいなかった。

それに貞観の住家がおあつらえ向きの一軒建てで、寺本仏具店の修繕工場に表口が隣接しているだけで、一方は本願寺の墓地の塀に区切られ、また他の一方は空地、裏は新堀に面している、という、まことに好個の別世界であった。この内部でなにが行われようと、まったく人に知られる恐れはない。疑いの眼で見れば、それはキリのないほど疑問だらけである。このうえは、貞観の身辺に日常に接している者から口を割らせる以外に手はないが、それだと妻の美代子か、弟子の清三郎以外にない。まさか女房が亭主の不利になるようなことを言うわけはないから、これには他人の清三郎でなければ駄目だと考えた。

そこで近所の蕎麦《そば》屋に飛び込み、知人が会いたいから、と、呼び出しをかけてみたが、「不在」ということであった。しかもその返事をしたのは美代子ではなくて、主人の貞観であった、という、かれこれもう夜の十時に近かった。下町とはいえ、近くの盛り場、浅草六区も閉場《はね》た時刻で、遠くに指圧を渡世とする者の笛も流れ出す頃合だ。そんな夜更けに女房も顔を出さず、住込みの弟子も不在という馬鹿げた話はない。

こいつはいよいよ臭いと疑惑の念はますます深まる一方であった。

こうなればやむなく張り込みをするしかない、と、腹を決めた警部はその足で、新堀端署へ取って返し、変装用の刑事の私服を借り受け、一晩中、人力車夫の姿であたりを徘徊してみた。だが、猫の子一匹、清浦家へ入ってゆく者の影はなかった。

翌日は佐藤刑事に終日張り込ませてみたが、依然人の出入りはない。ただ一つ得たことは、偶然にも出入り商人らしいのを捕らえ、様子を探ってみたところ、清三郎はここ数日まったく姿を見せず、旅行中であるのか妻女の美代子もまた姿がない、とのことであった。

十一日の朝、この報告を聞くと、もう警部は矢も盾もたまらなくなり、私服姿となり、飛び出していった。

昼も眠くなるような小春日和の同日午後、行商人らしい一人の男が、寺本仏具店裏の、人形師貞観方の玄関口に立っていた。

「もしもし、ご不在ですか」

中からはなんの応えもない。表の千本格子には軽く錠がおろされていてビクともしない。その男はなにかうなずくと、そのまま裏口の方へ回っていった。と、そこにも板戸が降りており、傍らに小さい紙片が貼られていた。それには、つぎのように記されていた。

しばらく不在にします。商人の出入は
休んで下さい。
清浦

こう唸ったのは、行商人、実は変装した望月警部であった。あたりをうかがい、人《ひと》気《け》のないのを見すますと、後ろから十手を取り出し、やおら板戸の下に差し込み、グイと持ち上げた。

戸は音もなく内側へ外れ、とたんに生暖かいような、一種なんとも形容できない悪臭を持った空気が、その隙間から流れ出てきた。

（はてな……？）

警部はクンクンと鼻翼を膨《ふく》らませながら、静かにその戸を押し開けた。

屋内には物音一つなく、シンと静まり返っている。抜き足差し足、勝手口から座敷へと入り、階下の六畳、三畳、八畳とくまなく検分したが、そこにはなんの異状も見当たらない。

今度は二階だ、と、階段をトントンと上りかけると、その頭上から例の悪臭が、眼に見えぬ流れをなして襲いかかってくる。（死臭！）と、咄嗟に感じた警部は、片手で鼻をつまみながら、一気に押し上った。

突き当たりに六畳の間があり、そこには障子がピタリと閉められている。警部はそーっと這い寄ると、呼吸をはかってサッと開けた。

部屋の中には黄縞銘仙の布団が敷かれ、花模様の銘仙夜具を掛けた一人の女が寝ている。（面妖だ！）と上から覗き込んだ警部が、「あっ！」と、のけぞらんばかりに驚いた。そこには目元、鼻、口、髪形まで、あの清水谷公園の死美人と瓜二つの貌《かお》があるではないか！

死臭はこの婦人から発していた。外部から流れ込む弱い光に、蒼白い貌は大理石のように沈んで綺麗だが、眼を近づけて熟視すると、もう死後相当の時日が経ったらしく、あちこちにちいさな紫斑が浮いている。

警部は静かに夜具をはねのけると、この死美人の体を検察してみた。不思議にも一か所の外傷もない。絞殺ではないかと頸の周囲を調べたが、それらしい痕も、この弱い光線の下でははっきりとは認められない。

あるいは毒殺かもしれぬと思いながら、周囲の様子を見極めたうえ、押入れか、次の間か不明瞭な間の襖を音がしないように開けてみると、そこは八畳の座敷になっていた。

一歩室内に踏み込んだ警部が、ひょいと前を見た瞬間、「うわっ！」と悲鳴に近い叫び声を挙げた。その八畳は人形師特有の板張りの仕事場になっていて、板張りの中央に、眼も眩《まばゆ》いほどの美人、しかもたった今、検察を終えたばかりの死美人が、「私、いきているのよ」と、溢れるような微笑を湛えて、身に一糸もまとわぬ素裸の大胆な姿勢《ポーズ》で、立ちはだかっているではないか。

濃い眉毛、涼しい瞳、すっきりとした高い鼻、上品な牡丹の唇、ふくよかな耳朶《みみたぶ》、両の胸には豊かな丘がふんわりと盛り上がり、そこから発した女性の流れが、張り切った曲線を描いて、腰から脚へと及んでいる。今まで幾多の凄惨な場数を踏んできた警部も、この戸惑いの妖気には、どきんと心臓を衝《つ》かれてタジタジとなった。

睨み合うこと寸時、警部はやっとそれが等身大の人形であることに気づいた。（なぁんだ）と我ながら粗忽であったことに苦笑を洩らし、ホッと溜息をついたが、見ればば見るほど、あの清水谷公園の死美人、そこの布団の中で死んでいる怪美人、水無瀬志津子の写真顔と生き写しではないか。警部の頭の中には、相似した四つの面貌《おもざし》がグルグルと走馬灯のように走り回り、どれをどう思考してよいのか、判断のメドを付けるのに困惑した。だが、とにかく謎の秘鑰《ひやく》はその酷似貌にあるらしいことだけが、朧《おぼろ》気《げ》ながら推測された。

そこで、一応階下に降りた警部は、裏口からそっと抜け出し、合羽橋派出所へ駆け込んだ。そうして警視庁に電話をかけ、至急小柴医師の出張を求めて、自分は再び引き返した。

人形師地獄

念のため、階上階下を一応くまなく調べて歩くと、奇妙なことに下の六畳の火鉢の中には円い炭団《たどん》がいけこんであり、勝手の戸棚には新鮮な野菜や魚肉、生卵などの食糧品がかなり貯蔵されている。当分不在にする家とはとうてい考えられないことだらけである。

それに家の裏表には、厳重な鍵がかかっているが、どうも内部には人の常在する気配が感じられる。いかにも見せかけの不在であるらしい、と、判断した警部は、今度は克明に、戸棚から押入れ、廁《かわや》の中まで調べてみた。だが、どこにも通路はなく、隠れ部屋らしいものもない。

「えーい、無駄をさせやがった」

と、ぼやきながら火鉢の前に座り、「朝日」を袋から一本抜いて炭団の火を点《つ》けようとしたとき、家のどこかで、ニャーンと猫が鳴いた。

（おや、どこにも猫はいなかったはずだが……）

聴き耳を立てた瞬間、再び鳴き声が床下あたりでした。

（ふーん、猫は魔物というから、嗅ぎつけたかな。それにしても、屋根というなら死骸が二階だから、弾正ばりに床下からとはちとおかしい。どれ、覗いてみるか……)

ゆっくり立ち上がって、勝手口のところから床下に首を差し込んだ警部は、突然、大声を立てて、

「あっ、あった。あった！」

と叫んだ。

そこには畳茣蓙《ござ》を敷き詰めた一種の隠れ穴ができており、その中に野良らしい大きな黒猫が、両眼をギラギラ光らせながら、傲然とうずくまっていた。

「こらっ！」

と怒鳴りつけると、不思議なことに、猫は上へ逃げずに、下に敷いた古板のズレから潜るように地下へ消えてしまった。

(はあてな、秘密の抜け穴でもあるのかな)

警部は用心しながら、その隠れ穴に飛び込んだ。古畳と四分板で急造された三尺四方ばかりのもので、人の住んでいるような形跡はなかったが、下の敷板が、まるで雲でも踏むように、フワフワしているのだ。

猫が逃げ込んだズレから下を覗くと、そこは陰々滅々とした湿っぽい穴ぼこで、すうーっと時たま冷たい風が吹き上げてくる。それから察すると、外部とは通じているらしい。警部が咄嗟に敷板をはがして滑り降りると、胸のあたりの横手に三尺四方く

らいの穴がくり抜かれ、あまり遠くない入口らしいあたりに、ぼうっと明かりの射すのが見えた。

警部は腹這いになり、土竜《もぐら》のように進んでゆくと、一間とゆかないうちに、新堀端のすぐ横に出た。そこは空地で窪地になっており、入口は莫蓙と板切れでおおわれていた。昼間はともかく、夜陰に乗じて出入りすれば、絶対人に見咎められる恐れはない。

「ふーん、考えたな」

いまいましそうにつぶやいた警部が、再び横穴に引き返そうとして、入口の横手のところへ手をかけると、妙にそこの土がフワフワしている。（おや、なぜだろう？）と、好奇心を起こし、右手を軽く突っ込むと、ズブリと嘘のように手首の上まではまり込んだ。あわてて引き抜こうとしたとたん、今度は今空いた小穴から、毒ガスのような一種異様な悪臭が、猛烈な勢いで吹き出してきた。それをまともに受けた警部は、あやうく「げぇっ」と吐きそうになった。

「いったい悪臭のもとはなんだろう？」

腕まくりをした片手を、改めて突っ込んでみると、指先に冷たく触れる物がある。

（おや？　妙だぞ）

思い切りつかもうとするが、そのグニャグニャした物は手に負えない。警部はいら

だって、両手で犬掻きに土を掘り下げ、大きく拡げた穴から、中を覗き込んだ。その瞬間、またも、

「わっ！」

と、大声を挙げた。薄暗い穴の底には、蒼白な人間の死顔が、泥に塗《まみ》れて見えるではないか。

「あっ、ここにも死体っ！」

さすが気強い警部も、薄気味悪くなって棒立ちになった。そのとき、街路の方に自動車の止まる気配がして、音を殺した人の足音が近づいてきた。

やがて人影が母屋の横に現われると、警部が無言で手を振って見せた。それは小柴医師と佐藤刑事であった。近づいた二人に警部は、

「向こうに女のホトケサマがいるが、ここにも一つあるんだよ」

「へえ、あきれたもんですなあ」

三人で土を掘り返してみると、そこには半ば腐りかけた年若い男の裸死体があった。すぐ検察に取りかかった医師が、胸のあたりの土を払いのけたとき、「あっ！」と驚きの眼をみはった。

「ない。乳房がない！　抉り取られていますよ」

「えっ、じゃあ酒精《アルコール》漬けの男性の乳房は、この男の物だったんだね」

「どうもそうらしいですよ。切口から推して、この男の乳房は異常に発達していた痕跡がある。こんな奇怪千万な事件は、私ぁ初めてだ」

「いや、小柴君、まだエライ奴が二階にある。肝を潰さんように頼みますぜ。ハハ……」

ひとまずその死体は前のように埋め、三人はゾロゾロと横穴へ這い込んでいった。

「まあ、これから頼みますよ」

二階へ上がった小柴医師に、望月警部はまず六畳の間の死美人を指した。布団の上から覗き込んだ小柴医師が、「おや？」という顔で、不審の首を傾けた。それを見た、警部が、

「ハハ……、見覚えがあるでしょう」

と、軽く笑った。

「あの、先夜のとは違うんですか？」

「そこに謎があるんですよ。それよりもだいぶ辺りが暗くなってきた。先に検察を急いでください」

「けったいな話だなあ」

と、医師は気味悪そうに布団を剝いだ。

検察の結果、死後約三週間、死体は防腐剤で固められているが、防腐が不完全な箇

所は完全に腐敗していること、死因は絞殺、年齢は三十歳前後、労働はしていない様子で、上流階級の子女らしい。処女のように思えるが、死後に、度々辱められた形跡がある。

「死姦……？　するとやっぱり変態性の男か……」

「さよう、変態も変態、実に残忍な変態ですよ。驚きましたな」

「うーむ。小柴君、驚きついでに、も一度びっくりさせてあげよう」

「望月さん、お、脅《おど》かしちゃあいけませんぜ」

「さあ！」

と、つぎの八畳の間をさっと開けた。そこには例の裸美人がヒタヒタと忍び寄る薄暮の夜景を背景に、雪よりも白く立っていた。

「あっ、こ、こりゃあどうじゃ！」

「ハハ……、度肝を抜かれたらしいね、よおく見給え。これは人形だよ。水無瀬志津子に似せた……」

「なるほど、でも生きている人間にそっくりだ。しかし、こんな美人が、裸で立っていちゃあ、誰でも驚きますよ」

「ごもっとも、ごもっとも」

近づいて、穴のあくほど凝視していた小柴医師が、なにを思ったか、右手を延ばして胸のふくらみをそーっとさすっていたが、ぎくっとした表情で、警部を振り返った。

「この乳房、作り物じゃない。本物の人間の乳房ですよ！」

「なんだって？」

「切り取った乳房を、うまくはめ込んだんですよ。その上から例の粉が塗りこめてある。その証拠に押してごらんなさい。ほら、こんなにへっこむでしょう」

ますます出《い》でて、ますます怪奇だ。

警部はナイフで、乳房の表皮を軽く削ってみた。そして、ポロポロと落ちる粉を手に受けて嗅いでみると、あの死美人の爪のあいだから出た粉と寸分の違いもない。これであの新堀で貝を漁っていた老人の一件も諒解されると同時に、清水谷公園の死体婦人の乳房の行方もハッキリとした。おそらくはあの死体、貞観の人形作成を手伝っていた妻女の美代子であろうが、それがどうして志津子の着衣その他を身につけていたのであろうか？

すると、隣りの部屋で死んでいるのが、おそらくは水無瀬志津子？　その着衣を剝いで美代子に着せたものに違いない。そして秘密の通路脇に埋められた男の死体は弟子の清三郎なのであろう。

これで一応事件の筋道は立つが、なぜ貞観が、このような陰惨な連続殺人を犯さねばならなかったのか？

死体凌辱の様子から見て、貞観は毎夜不気味な愛撫を続けているらしい。おそらくは今夜も抱擁をしにもどってくるであろう。こう見込みをつけた望月警部は、階下で見張りをしている佐藤刑事を呼び、付近のそれとなしの警戒方を命じ、小柴医師は警視庁へ帰して、自分一人だけの屋内張込みを決心した。
ジ、ジ、ジ……と、どこかで地虫が鳴いている。ひしひしと寒さが肌に迫ってくる。もう夜はだいぶ更けたらしい。
やがて門跡通りの電車の音も絶えて、浅草寺の陰に籠もった鐘の音が流れてきた。遠くでボーン、ボーンと、柱時計が十二時を報じたとき、ミシリと階下で板縁を踏む物音がした。しばらくすると、それが階段に近づき、静かに上りきると、しばし座敷の前で止まった。が、程なくスルスルと六畳の障子を開ける気配がして、すぐまた閉まった。同時にカチリと電灯のスイッチを入れる音、かすかな襖の隙間から、一筋温かそうな光の流れが八畳の間に射《さ》しこんできた。

ピッタリ襖に張りついた警部が、そのわずかな隙間から、隣りの様子をじっと覗き込むと、齢《とし》のころ三十六、七、色の白い中肉のスラリとした上品な顔立の男が、ピタリと死美人の枕元に座って、しげしげとその死顔を見守っていたが、やがて低い声でささやき始めた。

「お嬢さま、今日もまた死ねずにもどってきました。これで三日目、死のうと覚悟を決めて出るには出ましたが、どうしてもお嬢さまのことが思い切れません。明日こそはきっと、あの世のお嬢さまに追いつきます。どうぞ三途の川あたりで待っていてください。それで今晩一夜だけ……どうぞまた、おゆるしください……」

奇怪にも下着一枚になった貞観が、嬉しそうに死人の褥《しとね》へモゾモゾと這い込んでゆき、やがてその上体に乗りかかろうとした途端、

「しゃっ、痴漢、御用っ！」

と、襖がガラリと開いて、飛び込みざま、望月警部が死体の上の貞観を押さえつけた。その右手首には、蛇のように長い捕縄がグルグルと巻きついた。

呪われた人々

ただちに警視庁へ曳かれた貞観が、涙ながらに語り出した身の上話はこうであった。

貞観は京都市七条新河原下ルの染物屋の二男に生まれ、五歳のおりに烏丸洞院入ルの人形師清浦貞蘭の養子になった。物心つくころから、人形師としての仕事に精進した結果、メキメキと腕前は上達し、貞蓮派と呼ばれる林田貞蓮一門の中でも、彼に及ぶ者もないとの名声を博した。それで養父の貞蘭に代わって、立仕事（直接依頼者から引受ける仕事）をさせられ、いつしか京の名代の名人形師となったのであった。

十七歳のときに貞蘭が死んだので、その翌年、貞蘭の一人娘の美しい美代子と結婚

して、年少にして早くも人生の春を解した。このままで行けば、彼の一生は幸福であったろう。ところが時世の推移から、京都の華族は続々新文化の中心たる東京へ移住してしまう。そうした階級を顧客に持つ人形師も、安閑として旧都にへばりついている訳にはいかない。ついに意を決して明治三十七年、彼も京都を引き払い、上京して、爾来、浅草の門跡裏に居を構えた。

そのうち清三郎を内弟子に取り、手広く仕事を引受ける一方、彼が主唱者となって貞蓮派の人形展覧会を年に一度京都で開くこととし、互いの腕を磨くことにした。

名声は揚がる、金はできる。年ごとに彼は幸運の神に恵まれていた、と、見るのはひが目で実は彼には人には言えない深い悩みに囚《とら》われていた。というのは、妻女美代子の急速なる肉体の異常変化であった。副乳房の発達！　日毎に盛り上がってくる潜在性乳房の怪異は、必然に二人のあいだの愛情に大きなヒビを入れた。

だが、貞観の美人人形のモデルはいつも美代子であった。だから、制作から彼女を切り離すことはできない。しかも、明治三十九年には貞蓮派の業績を天下に誇示する一大展覧会が開かれることになっていたので、その出品作品を造らなければならない。貞観は正月ころからその制作に取りかかり、原型は早々にできあがったものの、その魔の乳房が邪魔になって芸術的興奮が湧かず、どうしても仕上げの塗りにかかることができなかった。

この師匠夫妻の悶えを見て、陰に日向に同情したのは弟子の清三郎であった。とりわけ、彼は師匠の貞観よりも余計に細君の美代子に同情した。その訳は、実は彼も一種の身体障害者であったからだ。男子でありながら、女性のようなふっくらとした乳房を持つ異常体質であった。

この身体上の異常な物を持つ者同士という宿命が、いつしか清三郎と美代子とのあいだに、人知れず愛をささやく不倫の関係を作ってしまった。これを薄々察知した貞観は憤った。だが、美代子の憐むべき運命を思うと、その怒りも自然と薄らぎ、哀憐の情が先立つのであった。

そこで未完成の人形を放り出し、明けても暮れても、酒と女にうつつを抜かす放蕩の日が続くようになった。

十月二十一日の早朝であった。前日から吉原遊郭に泊まり込み、起きるなり、またしたたかに朝酒をあおった貞観が、夜も白々と明けるころに家に帰ってみると、二階の座敷には不義の男女が枕を並べて、昏々《こんこん》と眠っている。これを見て、嫉妬と酒の酔いから、カッとなり、

「こら、起きろっ！」

と、怒鳴りながら、枕を蹴飛ばした。だが、二人はどうしたことか、なおも眠り続けている。変だな、と、美代子の枕元を見ると、そこに「旦那様へ」と書いた、一通

の封書が置かれてあった。

取り上げ、急いで封を切って読み下すと、それは遺書で、水茎のあとも弱々しく、こう書かれていた。

金龍山初夜の鐘が今鳴り終えました。
障害者同士が世を呪い、併せて不義の罪をお詫びするため、睡眠薬とアヒサンを服んで、淋しい死出の旅路へ手を取って旅立ます。どうか私らの忘恩をお許し下さい。
美代子
清三郎

褥の乱れが、明らかに不義の男女の最後の歓楽の営みを偲ばせる。哀れとは思いながらも、むらむらと瞋恚《しんい》の炎が燃え立った。やにわに、仕事場から鋭利な刃物を持ってくると、いきなり美代子の乳房を無惨にも抉り取ってしまった。

死体の始末をしようと、清三郎をも裸にすると、これも急に憎くなり、妻との共感の原因となった、その異常に発達した乳房を美代子同様に切り取り、二人の乳房はひとまず酒精《アルコール》漬けにして、制作部屋の戸棚へ隠しておいた。

死体も階下の小部屋に運び、流れ出た血潮などの掃除にかなりの時間がかかり、ホッとして、二階で一服していると、突然、玄関先で、

「ご免ください」

と、女の声がした。

そーっと階段を降り、障子を細目に開けてみると、そこには日頃から思い焦がれていた水無瀬志津子が、供をも連れず、一人で立っていた。

「まあ、お珍しい。こんなに朝早くからお出でくださいまして……」

貞観はていねいに二階の制作部屋へ志津子を通すと、下へも置かぬばかりの慇懃な応対をした。

「急に京都の貞蓮派人形展覧会を拝見したくなり、今日今から行くところです。その前にちょっと、展覧会の模様をお聞きしかたがた、まだ出品されてはいませんが、師匠が今制作中の、傑作だという評判のお人形を下見させていただきたく、前触れもなく、お伺い致しましたが……」

「はあ、それはまことに光栄で、恐縮の至りでございます。ご覧のとおり、まだ仕上げの塗りに至っていませんので……。それにどうも、胸の乳房のあたりが気に入らなくて……」

と、まだ男を知らぬ、処女のままの、ふっくらとした志津子の胸のふくらみへ、貞観は着物の上から、それとなく妖しい一眄《べん》を流した。咄嗟に、志津子は乙女特有の敏感さから、彼の日頃と違う異様な気配に不安を感じて、そそくさと別れを告げ、腰を上げようとした。それを引き留めようとする貞観の右腕が、肩からすべってスルリと内懐《ふところ》に入った。

「あれっ、失礼な！」

大声を立てられては……と、左の手が思わず志津子の口に蓋《ふた》をした。争っているうちに、志津子の体が裾を乱して横に倒れた。脛の上まであらわになった、恋しい人のあられもない姿を目の下に見た貞観は、もう半狂乱であった。

両手でグイと咽喉を締め上げ、仮死状態に陥った彼女の軀《からだ》に、無我夢中で飛びかかっていった。無抵抗の獲物を存分に弄《もてあそ》んだのち、やっと正気にかえった貞観は、冷静な判断力が回復すると、おのれの行為に愕然とし、戦慄した。もうそのとき志津子はすでに死んでいた。恐怖におののいても、すべては後の祭りである。わが一生もこれで終わった、と観念した刹那、急に後世に残して置きたい名作を完成したいという、芸術的欲望が湧き起こり、彼を未完成の人形の前に立たせた。そのとき、ふと思いついたのが、乳房の魔術である。先刻切り取った、妻美代子の乳房をそのままはめ込んでやろう、そして上から上手に上塗りすれば、素人眼に発見される恐れはない、と、この悪魔的な工夫にニヤリとした。そうしてこの工夫は即座に実行に移された。

一方、清三郎の壜詰乳房も罪跡をくらます意味で新堀へ棄《す》てられ、死体は裏の空地に埋められた。

美代子の死骸には、志津子から剝《は》ぎ取った着物や指輪をさせ、夜になるのを待って辻俥《つじぐるま》を借り入れ、自分でわざわざ清水谷公園まで運んでベンチによりかからせ、帰ってきた。

たった一日のあいだに、貞観の運命は狂ってしまった。この解決は死以外にはない、この決心は、彼の魂をグングンと悪徳の世界へ引き戻す大きな力があった。それは悪魔の珍味に似た死姦の味であった。一度覚えたこの陶酔境は、彼を生きながらにして、地獄の底へ引きずり込んだ。醒めては悔い、悔いては溺れ、崩れゆく志津子の死体を、不完全な素人芸の防腐剤に托し、外道の歓びを、日一日と引き延ばしていた。

「今日こそは死のう、と、家を出ましても、いつも眼の先にお嬢様の顔がちらつき、なんとも言えぬ恋慕の情が湧き起こりまして……」

深夜の弱い電灯の下に、泣き伏す貞観の姿は、さながらあの世の幽鬼の姿であった。

秘密の抜け穴は、清三郎の死骸を埋めるとき、偶然、発見したものだそうだが、そう言えば、彼の転宅以前に住んでいた人物は、「お伊勢様のお札配り」として、その道の仲間のあいだに贋札《にせさつ》師が住んでいたと、後日、新堀端署の私服が、望月警部の耳にささやいた。

万事解決の至急電報《ウナでん》に、翌日、京都から帰京した出張中の渡辺刑事は、この怪奇事件にふさわしい幾多の捜査資料を持ち帰ってきた。

実際、水無瀬志津子は、副乳房の身体障害者ではなかった。志津子は先代水無瀬時行と正夫人とのあいだに産まれた嫡出子ではなく、実は美貌の小間使い水野しげなる婦人とのあいだにできた私生児であった。これが名門出の美女でありながら、常に結婚の支障になった理由であった。

一方、水無瀬家を出された水野しげは、付近に住む人形師清浦貞蘭に嫁し、まもなく産んだのが一人娘の美代子であった。志津子と美代子が瓜二つに酷似していたのも無理はない。それは胤違いの姉妹であったからである。

この事件に登場した、いずれの人間を見ても、極悪な者は一人もいない。科学万能の現代にこんな言葉で表現すると笑われるかもしれないが、彼等は因縁の一本の糸に操られた、呪われた人々というべきであろう。貞観が一心込めて作り上げた、裸の京人形は証拠品として警視庁に押収され、永らく保管されていたが、今はどうなっているか分からない。


（原題「白蠟の肌を慕う闇の人形師」丸山茂『増刊実話』昭和三十三年四月）

猟奇魔

春の遅い北海道では、まだ冬の名残が残っている昭和六年四月十三日の午後のことであった。ここ旭川市宮下町九丁目の丸通運送支店では、若い主任と倉庫番の藤井老人が正月初めに名古屋から送ってきたまま、引取人の来ない荷物のことを話し合っていた。

「二番倉庫のあの荷物は、困ったものだね。発送地に照会したが、向こうでも発送人が分からないというんだ」

そう言ったのは、若い主任であった。

「全くもう三か月になりますかね。運賃先払いで送ってきて、今まで放ったらかしにしておくなんて、虫がよすぎますよ」

「本当だ。倉敷料を相当貰わなければ、こちらだって割に合わないね」

主任は机の上にある伝票を取り上げて、しみじみと眺めていた。伝票には、運賃先払い、扱店名古屋市中区住吉町一の八　坪田はつ、受取人同人、発送日一月六日、と書かれてある。特に変わったところも見えないが、考えようでは、この荷物にはなにか秘密が潜んでいるような気もする。

「藤井君、いつまでも放っておくわけにもいかんから、思いきって開けてみようじゃないか」

「それがいいですね。若い連中を呼んできましょう」

やがて主任と藤井老人、それから若い者三人が、二番倉庫の中に連れ立って入っていった。倉庫特有のかびくさい匂いの澱《よど》んでいる中を奥の方に進んでゆくと、薄明りが、大きな木箱をぼんやり照らしているのが見えた。

その木箱は、長さ五尺（一メートル五十センチ余り）くらい、高さ二尺五寸くらい、幅は三尺くらいで、綱を十文字にかけた頑丈な荷送りのまま、そこにどっかりと座っていた。「なんだか、変な臭いだね」

若い一人が鼻をぴくぴくさせて大声で言った。なるほど腹の底までしみこむような悪臭が、プーンと醱酵して、かびくさい匂いに馴れた連中でも、思わず鼻を押さえたくなるような悪臭が、一面にただよっている。

「おい、これはただごとではないぞ。藤井君、急いで警察に電話してくれ」

主任の言葉で、すぐ警察に電話がかけられた。旭川署からは、司法主任の佐藤警部をはじめ、大勢の刑事がかけつけてきた。

箱は入口近くの土間まで運ばれてきた。明るいところで見ると、この箱はまるで寝棺のような大きさがあり、開けない前から不気味な空気が辺りにただよい始めていた。綱を切り、釘を抜くと人夫たちの手をみんなは固唾《かたず》を呑んで見守っていた。釘が抜かれて上箱が開かれると、中から品物が取り出された。茶色の汚れた毛布にくるまり、網紐でしっかりとくくられた長さ四尺（一メートル二十センチ余り）くらいの異様な包みであった。

刑事が馴れた手つきで、その毛布をはがすと、その中にはまた古ぼけた布団綿で包まれていた。そしてそこから出てきたのは、驚くべし、腐乱しきった女の死体であった。

「あっ、これは大事件だ！」

佐藤司法主任は、ただちに検事局へ連絡を命じた。旭川検事局からは、田部検事らの一行が駆けつけてきた。いよいよ死体の検視が始まった。

第一の容疑者

箱から出された女の死体は、そこに長々と横たえられた。死臭が辺り一面にただよい、見る者の目を思わず背けさせるような光景であった。死体の女の顔は、所々に黒い陰が滲んでいたが、全体は蒼い蠟《ろう》のデスマスクのように滑らかで、凄いほどの美しさを澱ませていた。切れ長の両眼は、静かに閉じられ、睫毛《まつげ》は蒼い下瞼《まぶた》に長い影を落している。瀬戸物のような白い歯が、土色に崩れかかった唇のあいだから覗いて、頬から顎にかけて美しい線を見せていた。その顔には無惨にも、一筋の打撲症が走っていた。

古綿が丁寧に除かれると、その下から女の全身が現われてきた。それをじっと眺めながら、佐藤警部と田部検事は、小さな声でささやいた。

「綿を使って、なかなか用心深い包み方ですなあ」

「うん、綿で包むと腐敗が遅いし、それだけ発見を遅らせることになりますからね」

「これは、そうとう手のこんだ犯罪のようですな」

女は、ちょっと小粋な絣《かすり》模様の長襦袢を着て、博多帯を締め、とき色のメリンスの腰巻きの下にもう一枚ネルの腰巻をしていた。褐色になった太股が、めくれ上がったなまめかしいとき色の下からのぞいていた。

現場の検視では、直接の死因はつかめなかった。顔にある打撲傷から撲殺されたものとも思われたが、それも解剖の結果でなければ、はっきり決定できないということになった。

しかし、この美人の腐乱死体が、どこかで殺されて箱詰めにされ、この旭川に送られてきたことは間違いのないことであった。

死体の解剖は、発見の翌日、十四日の午後から旭川市の島田病院で行われた。その結果は、

(一) 胃及び腸には、食物がほとんど入っていない。
(二) 左前頸部から眼頬へかけての打撲傷は、致命傷ではない。
(三) 左頸部に灸の跡があるが、それは神経衰弱性の病気に用うるものである。
(四) 年齢は、三十四、五歳。身長は四尺半ば、中肉である。

と発表されたが、ほかに外傷もなく、わずかに窒息死か、あるいは毒死かの疑問が残されただけで、死後四か月近く経ったこの腐乱状態では、それ以上の決定ができないのであった。

美人の箱詰め死体の発見は、司法当局を極度に緊張させ、旭川警察は直ちに荷物の発送元である愛知県警察部に向かって急電を発した。

急電を受けた愛知県警察部では、荷物の発送地が名古屋駅とあって、県刑事課が中心となり、名古屋全市の警察を動員して、この美人の箱詰め死体の犯人の捜査に乗り出すことになった。

刑事の一隊は、まず発送人の名前になっている坪田はつを探し出すことに全力をあげた。むろん、中区住吉町一の八には、坪田はつという該当者はいなかった。そのう

ち同番地の栗本という人力宿の主人の話で、通称禄さんと呼ばれていた新潟生まれの車夫が、坪田という苗字だと判った。その坪田禄一は三年前ころに名古屋に来たが、名古屋は不景気だから、と言って東京の小石川にいる知人を訪ねて、まもなく上京したということであった。

この禄一のところに、昨年訪ねてきた女がいた。三十前後の、美人ではないが、中柄な女で、名前は坪田しづというのであった。女は訪ねてきた禄一がいないので困っていたが、人力宿の栗本主人の紹介で、同番地の隣りの洋食屋で働くことになった。女は大阪の生まれと言っていたが、洋食屋の主人の話では中区の門前町に間借りをし、そこから通っていたということであった。この女が、昨年の暮れころ急に大阪に帰るからと洋食屋から暇を取って行方不明になっている。

ここまで判ると、警察では「それっ！」とばかり名古屋全市の料理店、遊郭周旋業などに坪田しづの手配をする一方、刑事は坪田禄一の居住する東京小石川指ヶ谷町の島田さく方を急襲した。

被害者は？

しかし、犯人逮捕と意気込んだ刑事たちのこの見込みは、まったく違っていた。
名古屋市の刑事と警視庁地方係から大坪刑事が特に同行して、厳重な取り調べを行ったが、この坪田禄一からは、殺人の匂いを嗅ぎ出すことはできなかった。

せっかく犯人に間違いないと勢い込んだ刑事たちは、がっかりして東京を引き上げたが、続いて第二の坪田が現われた。

その男は岐阜県生まれで、坪田幾年といい、静岡市取見町に住んでいた。同市八幡町の豆腐屋主保川鉄造の妹みな（三十八歳）と結婚し、静岡駅前の旅館栄松館のお抱え車夫をしていたが、年はもう五十歳くらいだが、身持ちが悪く、不義理な借金を残して数年前に東京へ出奔したまま、消息不明になっているということであった。

第一の見込みに失敗した刑事たちは、この第二の坪田に（もしや）という期待をかけて追ってみたが、これもまた結果は白であった。

旭川から名古屋、名古屋から東京、そして静岡と捜査陣の活躍にもかかわらず、箱詰め死体の犯人も被害者の身元も一向に浮かんでこなかった。

こうして刑事たちが、焦燥を続けているとき、愛知県刑事課から旭川警察署に頼んだ死体の綿密な調査報告が届いた。その中に一つ不思議なことは、被害者の襦袢の襟に、「ウメタロー」という洗濯屋の縫取りがあることであった。

捜査本部ともいうべき名古屋警察に集まった刑事たちは、この「ウメタロー」について協議を重ねた。

「ウメタローといえば、男の名前じゃないか。その男の襦袢を、どうして女が着ていたのだろうか」

　それが第一の疑問であった。が、やがてその疑問は、老練な刑事たちによって解かれていった。

「ウメタローというのが女の名前でも、ちっとも不思議はない。こういう名前は、素人にはないが、芸者などの水商売にはよくある名前だ。坪田という者を追うよりも、ウメタローという芸者かなにかの女を探した方が、早く事件を解決する鍵ではないか……」

　こうした判断で、名古屋市はもちろんのこと、大阪、神戸、浜松などに、最近行方不明になった「ウメタロー」という女の捜査依頼が出され、振り出しにもどった刑事たちは、犯人よりも被害者を先に調べ出そうと、懸命な女捜しが始まった。

　こうして警察が、最初の犯人捜査から、被害者の身元捜査に方針を変えているあいだに、敏捷な新聞社は、「旭川で発見された美人の箱詰め死体事件、いよいよ怪奇を増す」と書き始め、連日、社会面を賑わせていた。

　その日は、死体が発見されて三日後の四月十六日であった。大阪市の芦屋署に束髪の三十くらいの女が司法主任を訪ねてきた。当直の島田警部補が会ってみると、

「私は、浪速区主保寺町の大日本紡績工場の寄宿舎にいる若田せつという者ですが、最近、新聞で騒いでいる旭川の箱詰め死体の女は、私の姉ではないかと思います

……」

と言う。島田警部補は、まさか名古屋で騒がれている旭川事件の関係者が、この芦屋署の管内にいるとは、今まで思ってもいなかったので、愕然とした気持ちで女の顔を見つめていた。

「私は結婚して、若田と言っていますが、姉は平田あいと言って、今年三十八歳になります。昨年の五月に、浜松市の木村宗太郎という人と所帯を持ったのですが、最近は全然便りがなく、それに姉は芸者に出ていまして、梅太郎と言っていました……」

「梅太郎！　あんたの姉さんが、梅太郎という芸者でしたか……」

「はい、この大阪西区の堀江遊郭にいました」

島田警部補は、若田せつという女から、梅太郎こと、平田あいのことを根掘り葉掘り聞くと、女を丁寧に送り出して、さっそく署長の部屋に飛び込んだ。女の届出だけで、いきなり浜松に飛び出してゆくのも、どうかということになり、慎重を期して浜松署への返事は、木村宗太郎もその妻あいも所在不明ということにした。

浜松署は、まだこの重大事件に気がついていないようである。島田警部補は腕利きの刑事二名を連れて、浜松に急行した。

浜松に着いた島田警部補たちは宗太郎夫婦の住んでいたという常盤町を片っ端から調べていった。その結果、夫の宗太郎が今年の一月八日に、家財道具を売り払ってどこへともなく姿を消したことが判った。しかも、妻のあいの姿は、正月以来隣近所の誰も見た者がいないという、奇怪な事実が浮かんできた。

この報告によって、旭川の箱詰め死体の犯人は浜松市常盤町の木村宗太郎、被害者は同人の妻平田あいこと、芸者梅太郎に間違いがないことがほとんど決定的になり、警部は全力を挙げて殺人犯木村宗太郎を追うことになった。

女狂い宗太郎

犯人を木村宗太郎、被害者を平田あいこと梅太郎と決定した警察では、二人の身元を徹底的に洗い出した。

まず被害者の梅太郎であるが、彼女は大阪市西区北堀江町上通り三丁目七五番地平田安七の七女になっていた。十歳のころに同区堀江町の芸妓屋梅の屋から梅太郎と名乗って出た。長唄も踊りもうまく、一本となったころには名取となっていた。おとなしい美人で、仲間の受けもよく、売れっ妓《こ》で、やがて自前になって、芸者を二人も置くようになった。相当な金もできて、好きな道の長唄に凝り、わざわざ東京の品川に住む長唄界の長老芳村伊十郎のところまで、習いに行くという熱心さであった。

木村宗太郎とは、宗太郎が故郷の浜松から前妻の骨を京都に埋葬するために大阪に来たおり、同じころ大阪に来ていた芳村伊十郎の紹介で初めて知り合った。

二人はこうして長唄が取り持つ縁で、夫婦になったのだが、それは昭和五年の四月ころであった。このとき、梅太郎は四千円ぐらいの現金を持っていたと言われている。宗太郎と一緒になると、一時浜松市内内田町の三輪秋太郎方に同居していたが、やがて常盤町に一戸を借りて移り、事件が起きるまでそこに住んでいた。

一方、木村宗太郎の調査の結果は、さすがの警察官たちもあきれかえってしまうような、乱脈極まる女狂いの連続であった。

彼は静岡駅前の新竹旅館木村菊太郎の一人息子で、若いころは内気なおとなしい子どもであったが、一流旅館の坊っちゃんとして、何不自由のないわがままな生活を続けているうちに、しだいに芸妓買いなどを覚え、男前がいいのと、金離れがいいので、芸妓たちからは色男と騒がれ、本人もいい気になって道楽を続けていた。

この宗太郎が第一回目の結婚をしたのは十九歳のときで、相手は静岡県新居町の一流旅館津の国屋の娘疋田きみ（十六歳）であった。しかし宗太郎の道楽があまりにひどいので、きみは半年後に実家に帰ってしまった。

二回目の結婚は、宗太郎が二十一歳のときで、豊橋市の蕎麦《そば》問屋の娘、中田まさ子（十七歳）であった。この若妻は結婚した翌年、宗太郎の不行跡を苦にして、とうとう病死してしまった。

それにも懲りず、第三回目の結婚は、二十三歳のときであった。同じ浜松の著名な旅館主後藤惣之助の妹八重子（十七歳）と一緒になったが、八重子もまた結婚後一年ばかりで、実家に帰ってしまった。

　そして最後には、一番最初に結婚して、実家に帰ったきみが、まだ再婚していないというので、再び連れ戻して、四人の子どもを産ませたけれど、きみは昭和四年に貧しい中で死んでしまった。

　宗太郎が、梅太郎と知り合ったのは、この妻が亡くなって、京都のお寺に骨を納めての帰りであった。戸籍の上での妻と呼ぶこの女たちの他に、妾あるいは情婦と呼ぶ女は、第一が女の子を一人産ませた浜松市肴町木見家の抱え芸妓一二三こと堀ひさ（二十五歳）であった。この女とは、大正二年から関係していて、六年には父の金を一万円（現在では一千万円くらい）持ち出して、女と二人で上京、日本橋葭《よし》町で待合浜の家を始めたが、失敗している。

　第二の女は、同じ浜松市千歳町の芸妓一矢（三十三歳）で、この女には家を持たせて囲っていた。こうして種々の女たちとの関係は、探し出せば次から次と出てきて、宗太郎の異常な女狂いの性格に、ただ唖然とするばかりであった。

　昭和五年の春、五十歳になって梅太郎と一緒になったころは、親譲りの旅館はもちろんのこと、田畑も山林もすっかり、女狂いに使い果たし、亡妻きみの実家からも三千円余りの借金があって、どうにも首の回らぬ有様であった。こんな状態の宗太郎であってみれば、花盛りは過ぎたといっても、四千円の大金と、まだ残る色香を持っている梅太郎は、転がり込んだ獲物という以上の大きな魅力を持っていた。

二人のあいだには、しばらく蜜のような甘い生活が続いた。しかし、働くことを知らない宗太郎は、梅太郎の持ってきた金を米相場や賭博に使い果たし、ついには梅太郎の衣類までも金にかえて遊び回るようになっていた。

宗太郎の心の中には、梅太郎の金で失った財産を取り戻し、もう一度昔の生活をしてみたいという激しい夢があった。

梅太郎はまた、今は落ちぶれたとはいえ、昔は一流旅館の若旦那であり、主人であった宗太郎が、必ず立ち直るものと期待をかけて一緒になったようである。しかし、その二人の夢は実現しそうもなく、常盤町の宗太郎の家の中からは、梅太郎のすすり泣く声や、男の怒鳴り散らす声が隣近所にも聞こえるようになってきた。この夫婦の争いに輪をかけたのは、宗太郎の亡友である浜名郡笠井町に住む松山伊吉の妻てつという、五十二歳になる金持ちの未亡人であった。

死体の箱に初荷の旗

宗太郎とてつとの関係は、梅太郎よりもずっと前からのものであった。夫の伊吉が死んだあとは、持ち金を回して利息をかせいだり、家作からの家賃の上がりで、楽に暮らしていた。もうすっかり落ち目になった宗太郎が、この年上の老女を狙ったのは、その金と、彼が今まで関係したどの女たちにもない、巧みな技巧が理由であった。それは梅太郎にも出せない、一種独特のものであったという。彼は梅太郎に満足仕切れないと、てつのところを訪ね、幾晩でも泊まっていった。宗太郎にとって、この年上のてつは、自分の肉体を満足させてくれるただ一人の女でもあった。

梅太郎の金も使い果たし、二人でひとつの弁当を買って、味気なく食べるような悲惨な生活が続くと、宗太郎はしだいに梅太郎が憎くなっていった。

まるで狂人のようになってわめき散らす梅太郎を、宗太郎がひと思いに殺害しようと決心したのは、正月が目の前に迫った暮れの二十日であった。二人はその前の晩、近所でも驚くような、今までにない大喧嘩をしている。

「別れろというなら、きれいさっぱり別れてあげます。それには私の持ってきたお金や着物をそっくり返してください」

「そんな馬鹿なことを言うやつがあるか。お前は勝手に押しかけてきた女じゃないか」

「なにが勝手さ。人をさんざんたぶらかしたくせに……。あんたは私が出てゆけば、あのおてつ婆さんと一緒になるつもりでしょう。死んだって、そんなことをさせるもんですか。女の怨みを、あなたに必ず思い知らせてあげるから……」

「なにお！　この馬鹿女め！」

宗太郎と梅太郎とは、悪態の限りを尽くして、お互いをののしりあい、つかみあっての乱闘となった。宗太郎が、この喧嘩のあげく、梅太郎を締め殺したと思われるが、その確定的な日時は、その後の調査でも、とうとう判らずじまいであった。

暮れの三十一日に、梅太郎に野菜を売ったという者もいるし、正月の二日に梅太郎の姿を家の前で見たという者もいる。しかし、これはてつが一役買って、梅太郎の着物を着て化けたのかもしれなかった。凶行はそのどちらにしても、三十日から正月の三日までのあいだに行われ、死体は箱詰めにされている。

刑事たちが市内の材木店や指物師、大工などを調べた結果、問題の木箱は、同じ浜松市馬込町のヤマカ製函所が注文を受けて作ったものと判った。電話で頼んだのが二日の夕方で、本を入れるから特別丈夫に作ってくれと頼んでいる。ヤマカ製函所では大至急というので、二日初仕事にそれを仕上げ、三日の朝、小僧に持たせて常盤町の家に運んでいった。

梅太郎の死体は、その箱の中に納められ、鉄道荷物では危険と思ったのか、浜松駅前の丸大運送店からトラックで名古屋市西区伊倉町赤尾運送店に送られている。宛名は、赤尾運送店留置小松殿行となっていた。

丸大運送店に、小荷物を送りたいから人を寄こしてくれ、という電話があったのは、四日の午前中で、仲仕《なかし》の鈴木岩吉が指定された常盤町の石川製餡所に行くと、その男は玄関に腰を掛けて待っていた。

「これは重い、中味は何ですか？」

岩吉は、一人ではどうにも扱い切れない荷物をもてあまして、その男の顔を見上げた。

「中味は本なんだよ。重くてすまんが、それに綱を掛けてくれないか。僕一人ではどうにもならなかったんだ」

男がすまなさそうな顔をして言うので、岩吉はもう一人の人夫を呼んできて、その箱に言われるとおり、頑丈に綱を掛けて運び出した。調べに現われた刑事に向かって、その箱を運んだ丸大運送店の若い鹿島運転手は、そのときの模様を次のように語った。

「ええ、その箱のことなら覚えています。その日は初荷で忙しく、夕方までごった返していましたので、運び出したのは、夜の八時ころでした。トラックは二一二七〇号のフォードです。なんでもその箱には、正月早々大きな荷物でめでたいというので、初荷の赤い旗をさして行ったと思います。名古屋に着いたのは、翌朝の十時ころでした」

梅太郎の惨殺死体を詰めた恐ろしい箱に、新春の幸を祝う旗をかかげ、トラックは風を切って浜松から名古屋へと走っていった。

名古屋市の赤尾運送店に送られた木箱は、翌日現われた宗太郎の手で、合同運送店に運ばれ、遂には旭川に向けて発送された。

事件の全貌はこうして明らかになったが、犯人木村宗太郎は木箱を発送した直後に、「つごうで二葉遊郭の島屋に行くから……」

と家財道具を売り払ったまま行方をくらまし、どこにもぐったものか、その行く先は杳《よう》として判らなかった。

梅太郎を殺して身の置き所もなくなった宗太郎は、一月十九日に、大阪市西区堀江遊郭の巴屋に悄然と現われた。ここはかつて梅太郎と恋の花を咲かせた思い出の場所である。

宗太郎は、梅太郎を殺したのちに、次々と二人の思い出の場所をさまよい歩いている。彼には梅太郎の死の影がつきまとい、乗り移ったようであった。おそらく自分の逃れようとする意志ではなく、死に導いてゆく女の魂に翻弄されながら、あてもなくさまよい続けていたのであろう。

巴屋から近くの貸座敷虎の屋を訪ねた宗太郎は、二十四日までそこにいて、二十四日の夜は、大阪駅前の安宿に泊まり、二十六日には巴屋と虎の屋に、また浜松まで帰るから、と電話をしたきりで大阪から去っている。

そのころ、旭川に送られた梅太郎の箱詰め死体は、カビ臭い二番倉庫の奥に眠ったまま、日々に腐乱し続けていた。

だれもまだ気がつかない惨劇におびやかされ、さいなまれながら、宗太郎が梅太郎の幻影に導かれるように、また浜松に帰ってきたのは、一月の二十九日であった。近所に行く先として告げた二葉遊郭の島屋にめぐりあって、ようやく現われたのである。

「あいさんはどうしました？」

女将が梅太郎のことを訊くと、

「あいとは、きれいに手を切ってしまいましたよ」

心の底から寂しそうにそう言ってから、力のない声で「ハッハッ」と笑った。

二月になると、島屋の主人の弟平沼兼吉の経営している千歳町の麻雀クラブ清一荘へ、手伝いに行くといって、島屋を出ていった。

事件の発覚が遅れて、刑事が動き出したのは、それから二か月半も経ってからであった。宗太郎を追う刑事たちは、ようやくこの麻雀クラブまで、宗太郎の影を追ってきた。しかし、ここで宗太郎の足跡は、ぱったりと消えてしまっていた。

「この麻雀クラブが怪しい」

刑事たちが、功を争って飛び込んだ清一荘では、主人の兼吉が出てきて、

「つい三日前までいました」

という返事である。

「それじゃ箱詰め事件が、新聞に出たのを知っているね」

たたみかける刑事に、

「宗さんは、あの記事を見た日から急に元気がなくなり、その晩は一晩中眠れないようでした。変だとは思いましたが、まさか宗さんが、そんな大それたことをするとは思ってもいませんので、翌日の晩、どうも気がくさくさするから、親類まで行ってくるというので、そのまま送り出しました」

兼吉のこの返事では、どうしようもなかった。せいぜい今度来たらすぐ警察に知らせてくれ、と念を押すだけで、次に立ち回りそうな家に行ってみると、そこでも、昨日ちょっと見えましたが、兼吉さんの麻雀クラブに行くといって出てゆきました、というのである。

あわてて麻雀クラブに引き返してみると、

「私がほんの三十分ばかり留守にしているあいだに、宗さんがぶらりと来て、五円ほど貸してくれというので、店の者が出してやりましたら、礼も言わずにあわてて立ち去ったそうです。二十分ほど前です」

主人の兼吉は、苦しそうに弁解した。

二十分前にここに現われた。遠くには行くまい、(今度こそ!)とばかり刑事は走り出したが、宗太郎の姿は、町のどこにも見えなかった。

島屋に現われた刑事は、隣りの部屋に、宗太郎がいるとも知らず、女中の言葉を信じて奥の部屋に案内されたばかりに、そのあいだに犯人は、女将から金を借りて、まんまと逃げ出してしまっていた。

あやつる女の執念

金を持った宗太郎の逃亡先は、東京であった。それに気がついた刑事も、必死の追い込みをかけていた。沼津止まりの汽車に乗ったというので、その汽車を手入れしたが、宗太郎の姿はなく、犯人は警察の裏をかいて、四月十八日午前八時には東京に潜り込んでいた。

しかし、宗太郎を絡め捕る網は、次第にせばめられていた。宗太郎は上京した足で、浜松時代の知人である日本橋蠣殻町二の一五の理髪店土井秋造方に現われたが、追いかけてきた刑事は、そこを二時間ほどで立ち去ったと聞くと、先妻きみの妹みつ子の嫁いでいる、市外板橋町金井窪一二四の履物商疋田孝方に向かうものと見て、急いで手配をした。

ここでも宗太郎は、妹夫婦から五円の金と雨傘を借りて、みつ子に送られて下板橋

停留所まで行き、

「お前も体を大切にね、さようなら」

と寂しそうに別れを告げていた。板橋署の遠藤刑事が警視庁からの電話で、妹の家に駆けつけたときは、もう宗太郎は立ち去ったあとであった。ここでも一足違いで逃げ延びることのできた宗太郎は、その夜の八時ころ、再び日本橋の土井理髪店にまるで幽鬼のように現われた。

その夜はどうしたことか刑事が現われなかった。一夜まんじりともせず、窓を打つ雨に交じった風の音にもおびやかされながら、十九日の朝を迎えた宗太郎は、バサリと店に投げ込まれた新聞を急いで手に取ると、社会面をさっと開いて眺め始めた。瞬間、彼はよろよろとよろめいたようであった。ようやく踏みこたえている彼の顔は、次第に土色に変わり、全身が硬直したように固くなっていった。

やがて彼の手は、断末魔の動物のように、ぶるぶるふるえ出し、それが全身に伝わっていった。彼の覗いている新聞には、「旭川の美人箱詰め死体、ついに身元判明、加害者は内縁の夫、木村宗太郎」という大活字が、目の前に踊っていた。自分の殺した梅太郎の写真が、そこから「おいで、おいで」と招いているような気がしてくる。宗太郎の頭の中には、恐ろしい警官の顔と、梅太郎の顔とが重なり合って追ってきた。

彼はその恐怖から逃げ去ろうとするように、雨の静かに降る町へ、しょんぼりと身を細め、影絵のような姿で出ていった。

刑事たちが踏み込んできたのは、ほんの一足違いであった。

「あっ、またやられた！」

そこに投げ出されている新聞を拾って見て、呆然としている土井理髪店の主人の顔を睨みつけて、刑事たちは雨の中に飛び出していったが、宗太郎の姿はどこにもなく、そのときから煙のように消え去ってしまった。

宗太郎が土井理髪店から消えて七日目の四月二十六日の午後四時ころ、日本橋区新大橋の西側の岸に、溺死らしい男の死体が浮かび上がった。新大橋交番詰の藤井巡査が、その死体を見ると、今、警察が必死に探し回っている箱詰め死体事件の木村宗太郎にどことなく似ているような気がした。

急報で、浜松署から係官が来て検視をした結果、年齢は五十歳前後、死後約一週間と判った。これが藤井巡査が直感したように、木村宗太郎の最後の姿であった。彼は警察に捕まる前に、大川に身を投げて、梅太郎のところに招かれていったのである。

時計の針は、十時四十五分を指して止まっていた。その時間こそ、彼が常盤町の家で梅太郎を締め殺した時間であった。最後の瞬間まで警察官に捕まらなかったのも、梅太郎の死の影法師が彼を生きながら苦しめるための執念であったに違いない。


（原題「女体を密室に詰めた猟奇魔」今藤定長『増刊実話』昭和三十三年四月）

淫獣

残酷な死体現場

昭和六年九月には満州事変が、翌年の一月には上海事変が突発して、街には号外の鈴の音が聞こえ、日本国内にはなんとなく戦争気分がただよい始めていた。

その昭和六年二月八日の明け方のことであった。名古屋市西区米野街居屋敷の農業中村幸一は、一週間ぶりに自宅から一丁ばかり離れた畑の中に立っている鶏糞の貯蔵小屋に、たまっている鶏糞を運んでいた。

小屋の入口は戸とは名ばかりで、鍵もなく、杉板を立てかけてあるだけの粗末なものであった。彼はいつものように、鶏糞を持ったまま、小屋の中に入っていったが、妙な臭いが鼻をさすのに気がついた。

その臭いは鶏糞の臭いとは違って、魚のはらわたか何かが腐ったような、一種異様な渋味を持ったものであった。

「これはひどい臭いだ。猫か犬の死体でも投げ込んだのかな」

彼は独り言を言いながら、持ってきた鶏糞を片隅に積み上げながら、周囲をきょろきょろ見回していた。すると、小屋の片隅の空き地のところに、菰《こも》をかぶせて真っ白い大根のようなものが、薄暗い光の中にぼんやりと見えてきた。

（あんなところに、誰が大根なんか置いていったのだろう……）

そう思いながら、近づいてよくよく見ると、それは大根ではなく、人間の手であった。

「なんだ、びっくりさせるじゃないか。こんなところに寝ていちゃ困るね。さあ、起きてくれ」

彼は半分腹立ちまぎれに、菰をじゃけんにめくり上げた。

つぎの瞬間、彼は、

「あっ！」

と叫んで跳び上がり、次には棒のように突っ立ってしまった。そのうち唇がわなわなとふるえてきた。背筋には冷たい汗が流れてくる。そして、歯がガタガタと鳴る。そこに眠っているのは、生きた人間ではなく、死んだ人間であった。しかもその死人には首がない。彼はようやく這うようにして、小屋の表に出た。後ろから今の死人が追いかけてくるような恐怖を感じながら、必死の思いで家の中に飛び込んだ。

「人が死んでいる。首のない人が……」

彼はあらん限りの力を出して叫んだ。

「なにっ！　首のない人間が死んでるって……どこだ！」

「お父さん、裏の小屋の中だよ！」

たちまち大勢の野次馬が集まってきた。

近くの中村遊郭から出てきた朝帰りの客たちも交じって、ワイワイと騒ぎは大きくなるばかりであった。

父親の宇三郎の機転で、すぐ警察に知らせが飛び、野次馬を遠くに追い出して、検視が始まった。

首のない死体は、派手な花模様の銘仙の着物を着ていた。想定年齢は十八、九歳で、豊満な肉体をしていた。しかし、残酷なことには、首は頸部から切断され、そのうえ驚くべきことに、両方の乳房と局部が無惨にもえぐり取られていた。

死体のかたわらには、凶行に使ったらしい出刃包丁と餅切り包丁が一丁ずつ、投げ捨てたように転がっていた。そのほか女用の下駄と赤皮の男の短靴、白のメリヤスシャツ、それに風呂敷包みの中には、四、五本の手紙と簡易保険証書、それに被害者らしい女の写真が入っていた。

殺されたのは、今から三日前と推定され、凶行はよそで行って、この小屋まで運んできたとも思われたが、入念な調査の結果、切断された頸部の下の砂に多量の血が滲み込んでいるため、凶行はこの鶏糞小屋で行われたということになった。

　それにしても不思議なことに、死体がこれだけ残酷に扱われていながら、抵抗した形跡もなく、殺人というよりは心中に近いような現場であった。

　風呂敷包みの中の手紙を調べると、被害者は名古屋市の東区米屋町若宮裏三一八番地八百屋商吉田鈴夫の二女松江（十九歳）であると判った。そして加害者は、中区日の出町で裁縫の師匠をしていた増淵つや子の亭主倉吉（四十四歳）と推察された。

　被害者の松江は、十六のときからお針子として、増淵つや子のところに通っていたのであった。その松江が師匠の夫である倉吉に首を切られ、乳房や局部までもえぐり取られたのは、いったいどうしたことであろうか。心中の片割れ男と見られる倉吉は、松江の首や乳房を持ってどこに隠れてしまったのであろうか。

　警察では直ちに倉吉逮捕の特別警戒の網を全市に張り巡らした。

「昭和の猟奇魔、倉吉！」

「女の首を、鬼！」

　人々は、逃げ去った倉吉をそう言って罵《ののし》った。

開かせられた蕾

猟奇魔と言われ、鬼と罵られる増淵倉吉がつや子と所帯を持って、名古屋に落ち着いたのは、今から八年前の大正十二年であった。

倉吉は群馬県の生まれで、若いときから東京に出てきて、製革の職人から菓子問屋の職人に変わったが、腕のいいのを主人に認められ、三十歳ころには浅草に菓子屋を開いて、相当な暮らしができるようになっていた。

今年あたりおかみさんでも貰おうと、内々準備しているところに、九月一日正午のあの関東大震災で、東京中がほとんど焼け野原になってしまった。倉吉は一晩中、犬のように焼け跡をさまよったあげく、大勢の避難民と一緒に、大阪行きの列車にしゃにむにもぐりこんだ。

焦土となった東京では、流言蜚語《ひ》が乱れ飛び、

「朝鮮人が暴動を起こして、東京の人を殺しにくるそうだ」

と言う人がいるかと思うと、

「横浜では、爆弾がどんどん破裂しているそうだ」

と、恐ろしい話ばかりが次々と伝わってくる。子どもはもちろん、倉吉のような大人までが、一刻も早く東京から逃げ出そうと必死になっていた。

汽車はこうした人々を屋根の上まで鈴なりに乗せて、あえぐように西に向かって走っていった。

こうして東京を逃げ出した倉吉は、車中で、夫と子ども二人を一瞬に失い、身一つであてもなく逃げ出してきた自分と同じような、斎藤つや子と知り合いになった。

二人はひとまず大阪に逃げたが、身元を保証してくれる知人のいない大阪では、どこでも倉吉を雇ってはくれなかった。

「つや子、大阪は駄目だ。東京に帰ってもしょうがないし、名古屋へ行ってみようか……」
四、五日一緒に宿屋を泊まり歩いているうちに、二人はいつの間にか夫婦の関係を結ぶようになっていた。
「私はどこでもいいんです。あなただけが頼りですから……」

こうして二人は名古屋に流れてきた。しかし、今度は幸先よく、倉吉は名古屋名物の納屋橋饅頭店に職人として働けることになった。つや子と中区日の出町の茶屋の裏座敷を借りて住むことになり、二人の楽しい新婚生活が始まった。

東京でお針の師匠をしていたつや子は、

「私も遊んでいてはもったいないから、近所の娘さんたちにお裁縫でも教えようかしら……」

と言い出した。

「それはいい。看板を頼もうじゃないか」

倉吉は母屋の老主人に頼んで、早速「裁縫所」という小さい看板を出させて貰った。

名古屋に落ち着いて一年経ち二年経つうちに、つや子のところにも赤襟の娘たちが出入りするようになり、倉吉はさすがに東京で磨いただけあって、その優れた腕が認められ、前からいた職人たちを追い越して、今では職長になっていた。

「二人でせっせと働けば、来年あたりから少しは貯金もできますわね」

つや子はそう言って喜んでいたが、名古屋に来て六年目に、過労が祟ったものか、ちょっとした風邪がもとで寝込んでしまった。つや子に寝込まれてしまうと、少しばかりの蓄えていた貯金はたちまち薬代になってしまい、倉吉の貰う給料で毎日の生活をしたり、病人を養ったりすることはできなくなってきた。その苦しい生活を見るに見かねて、近くに住んでいた方面委員の一人が、つや子を医科大学の施療患者として入院させるように骨を折ってくれた。

こんなことがあって、つや子の開いた「裁縫所」は、とうとう看板を外すことになったが、大勢のお針子のうち松江という娘だけが、つや子が病気になってからも、果物や何かを持ってきては、

「お師匠さん、これを召し上がってくださいい」

と、ほとんど毎日のように見舞いにきた。松江は来ると、倉吉や病人の食べた台所の始末をしたり、洗濯をしたり、まるで倉吉たちの子どものように、親身になって世話を焼いてくれた。つや子が病気になってから、倉吉はこの松江を冷静な気持ちで眺めていることができなくなってきていた。

「松ちゃん、いつもご苦労をかけるね」

妻の目を盗むようにして、台所で茶碗などを洗っている松江のそばに近寄り、娘らしいふさふさした髪や、盛り上がった肩のあたりにそっと手を触れてみたりした。それでもつや子が家で寝ているあいだは、さすがの倉吉も松江に手をつけることはこらえていた。しかし、病人が医科大学に移ってしまうと、思慮分別をかなぐり捨てた中年男の倉吉は、十八歳になったばかりで、まだどことなく固さの残る松江の初々しい蕾の肉体を強引に開かせてしまった。

「おじさん、いや、いやったら……」

最初は全身で抵抗した松江であったが、倉吉の手慣れた技巧にかかると、いつの間にか男の方に身をすり寄せてゆく女になっていた。増淵倉吉と松江の道ならぬ愛欲生活は、こうして始まった。

燃え盛る愛欲

倉吉の暴力で女にさせられた松江は、しばらくのあいだは、男から逃げるようにしていたが、一度男の愛撫、それも女を喜ばせる術を十分知っている中年男の魅力に引かれて、師匠の入院したあとの男所帯へせっせと通うようになっていた。

「愛してね、捨てないでね」

可愛い小娘と思って、妻の代わりに性的な欲望を満たしていた倉吉も、松江のひたむきな慕情に、中年男の情熱を燃やして、夜の更けるのも忘れるようになっていった。

松江が初めて処女を捧げた倉吉と離れられない深間に入ったころ、妻のつや子は、固い大学病院のベッドで冷たくなってしまった。尾張中村の名物、清正公の祭も終わり、秋の気配が濃くなりかけた九月の末のことであった。

「つや子、苦労をかけたな」

倉吉は、自分の今の所行を詫びるように、死んでゆく妻の手を握ってそう言った。

つや子は、それに応えず、夫の後ろに立っている松江にぼんやりと目を送っていた。

それから同じように鈍い光を夫の顔に向けると、かすかに寂しそうな笑顔を見せて息を引き取った。倉吉には、その妻の目が、

「私は、なにもかも知っています……」

と語っているように思われた。

妻が死んで、これからは誰に遠慮することなく、松江の張り切った、若い豊満な肉体を愛撫することができる。そう思ったのはほんの一瞬で、彼の心には、死んでいった妻の鈍い目の光が、音もなく氷のように差し込んでくるのを感じた。

つや子が死んで、死体は小宮博士の執刀のもとに、学用患者として解剖された。倉吉は解剖された妻の葬儀料として、大学から五十円を受け取ることができた。そのとき倉吉はもう松江との爛れた愛欲に夢中で、勤め先の納屋橋饅頭店も怠け、そのあげく、主人と口争いをして、とうとうそこを追い出されてしまった。

つや子の葬儀料の五十円も、借金や米代の埋め合わせに使うと、もう幾らも残っていなかった。

「俺はこの先、いったいどうしたらいいんだろう」

気弱な倉吉は、しだいに重なる不義理な借金の悩みと、いよいよつのる松江への恋情とで、苦しみ悶える日が続いた。

「もう一度東京へ行ってひと稼ぎしてこよう」

悩みに悩んだ倉吉は、ようやく決心すると、東京へ出ることを松江に話してみた。

「あんたが東京へ行くのなら、私も連れていって……ね、連れてって……」

甘えることが、男への愛情だと思っている松江は、そう言って駄々をこねた。彼女には倉吉との二十幾つという年齢の差など考える余裕もなく、ただ一筋に男にしがみついてゆくことより他に術《すべ》を知らなかった。しかし、倉吉はこの娘のような女を連れて東京に行く気にはなれなかった。

「東京でなんとかなったら、堂々と迎えにくるからな。今、お前と一緒に東京へ行っちゃあ、お前のお父さんたちにもすまねえ。小娘をそそのかして駆け落ちしたと言われてはこれでもいくらかその道では人に知られた倉吉の顔が丸つぶれになる。お前を連れてゆくのは、どうしてもできないんだ」

「いやだ。私はどうしても一緒に行く」

泣きながら一緒に東京に行くという松江をようやくなだめたりすかしたりして、ようやく倉吉が上京したのは、昭和六年の十二月、もうすぐ正月というころであった。

上京した倉吉は、あの大震災でも東京に残って、今は立派にやっている仲間の世話で、亀戸の菓子舗松村堂の職人として、また東京で働くことになった。しかし、それも長くは続かなかった。

松江からは、一日置きくらいに、「なつかしい、逢いたい、愛してくれないと死んでしまう」という便りが送られてきた。倉吉もまた、彼女のことを思う気持ちで一杯で、菓子を作ることに、昔のような情熱がまるで湧いてこないのであった。

（おれはやっぱり名古屋に帰ろう。松江と離れていては俺も生きてはいられない）

倉吉はこう決心すると、再び名古屋に帰っていった。上京してわずか三週間経ったばかりの一月十四日のことであった。

にたりと笑って

名古屋に帰ってきた倉吉は、中区に住む知人の鎌屋方に下宿して、杉の町に店を出すからと言って、毎日、家を出ていった。だが、外出の目的は、松江と逢うことであった。二人は市内の宿屋を転々とし、飽きることもなく、愛欲生活に耽っていた。だが、東京を発つときに三十円余りしかなかった金なので、毎日出歩いた結果、目に見えて少なくなっていった。

「この金がなくなったら、俺はどうしたらいいんだろう」

松江に対する異常な愛着に狂ってきた彼の胸には、

(松江と一緒に死のう。これが最高の喜びなんだ)

(死ねば、この世の一切の悩みから救われる。死ぬことは幸福なことなんだ)

倉吉は真剣にそう思うようになってきた。この哲学は、人並外れた信仰からきたものであった。彼は若いときから非常な信仰家であった。御嶽経、お不動様、お稲荷様、観音様と、あらゆる信仰を続けてきていた。そしてあの世には、必ず幸福があると信じていた。御嶽山には幾度も登り、濃霧を払って霊峰富士を見せてくれた行者の神秘な業に、霊の現象の崇厳さを心から感じた。そうした彼の心を死に誘うもう一つのものがあった。それは大学病院で亡くなった妻のつや子の、あのぼんやりとうるんだような目の色であった。

松江の激しい愛撫の中でも、ふっとその目が浮かんできて、倉吉を遠い国に誘い込むような気がするのであった。

こうしてしだいに死に導かれていった倉吉は、四日の朝、下宿先を出ると、死に場所を探して歩いた。美しく死ぬ場所、この世の最後を飾る場所、それをいったいどこに求めたらいいだろうか。倉吉の心は、それで一杯になっていた。

その夜、二人は名古屋付近の安宿に泊まり、身も心も灼き尽くすような抱擁と愛撫のうちに夜を明かしたのであった。

次の日、二人は肩を並べて、中村公園の木立の中を歩いていた。春にはまだ遠く、公園特有の黄昏の空気は冷たく二人を包んでいた。倉吉は昨夜から語り続けた言葉をまたくり返した。

「松ちゃん、俺と死んでくれよ。そうしたら二人はきっと、あの世で幸福に暮らせるよ」

「いや、いや、松江はもっともっと楽しみたいのよ。二人で東京へ行って働きましょうよ」

松江は、暗くなった公園の中でも、倉吉にしつこく要求した。二人の愛撫、それはもう常人の枠の中のものではなく、むき出しのままの獣の性と同じであった。

やがて中村公園を出た二人は、暗い野道を歩いていた。遊郭の灯が、二人の後ろに輝いていて、かすかにさんざめきの音が聞こえていた。

「それじゃあ、死ぬのはよそう」

倉吉はもう死ぬことを諦めたように細い声で言った。

「ほんと、まあ、うれしい」

「それじゃあ、今夜はここで別れて……」

そう言いながら、倉吉はそっとあたりを見回した。暗闇の向こうに小さな小屋があるのがかすかに見えた。

「あ、あそこに小屋がある。疲れたろう。少し休んでゆこうよ」

倉吉は優しくそう言って、先に立つと、その小屋の中に入っていった。松江はそのあとからいそいそと小屋の中に消えていった。それが、首なし死体の発見された鶏糞小屋であった。

二人がその小屋の中に入って、三十分くらい経ったころ、倉吉はこっそりと一人で出てきた。左の脇の下には重そうに帽子を抱え、しばらく周囲を見回していたが、にたりと笑うと、やがて足早に畑の道をすたすたと去っていった。

瓜のような生首

松江の首なし死体が発見されてから四日後の二月十二日の正午ころのことである。木曾川に筏を流して激流を下る船頭の板垣専吉は、犬山橋を半丁ばかり上ったところにある岩の水溜まりを前にして、昼の弁当を開いていた。今日は筏流しではなく、久しぶりに石採りに出かけてきたのであった。

弁当を食べようと、足下をひょいと見ると、そこに女用のヘヤピンと壊れた男のロイド眼鏡が落ちている。

（おやっ、また心中でもやりやがったか……）

この付近は、春から秋にかけてよく情死があり、専吉もたびたびそうした男女を見ていた。専吉はちょっと顔を曇らせたが、

（飛び込むには、まだ早いや。若い妓《おんな》らがここで楽しんだのかもしれねえ）

思わず苦笑すると、今度は水溜まりの方を見ながら、弁当を食べ始めた。するとまた、その水が今日は変に赤く濁って見える。

（今日は、なんだかおかしな日だ）

気になるので、立ち上がってよくよく見ると、赤黒い水面に、白い瓜のようなものが浮かんでいる。

「これは、いったいなんだい」

専吉は、竹ベラでその白い瓜をひょいとつついてみた。するとその白い瓜は、くるりと回って上を向いた。

「わあっ、首だ！」

専吉は一目見るなり、弁当もなにも放り出して、恐怖のために歯をガチガチ鳴らしながら、それでもやっとのことで首の話を警察に知らせた。

「それっ！」とばかり、刑事の一隊が現場に急行した。水から揚げられた生首は、見る人が思わずハッと息を飲み込むような、また目をそらしたくなるような、無惨なものであった。

頭髪は額とともに剝ぎ取られ、上唇と額の皮がなく、そのうえ、耳は切り取られ、眼も抉り取られていた。なんという残酷！　これは人間のすることではなく、悪魔の仕業である。これが倉吉に殺された松江の首と判ったとき、それまでいくらか倉吉に同情していた人たちも、

「鬼だ、淫獣だ、生きている悪魔とは倉吉のことだ！」

と、最大の罵倒を浴びせかけた。

鶏糞小屋で松江の首を締め、頸動脈を切って、女がドクドクと血を流して死んでしまうと、倉吉は無闇に松江が恋しくなってきた。最初は、松江を殺して自分も死ぬっ

もりであったが、もう息絶えた松江を抱き締めているうちに、気が狂った倉吉は、その松江の傷口に口をあてて血を吸い込んでいた。

狂暴なサディズムと崇物狂《フエテイシズム》が嵐のように彼の心に湧き上ってきた。倉吉は若いころに製革職人として働いたことがあり、動物の皮剝ぎには経験を持っていた。

妻のつや子が解剖されるときも、平気で立ち会ったことなどを考え合わせると、松江の首の切断も、乳房や眼球なども易々《やすやす》と切り取り、抉り取ることができたと思われる。

彼はこうして自分が手に触れ、愛し続けた女の一切を帽子や風呂敷に包み、小屋から出ると、その足で名古屋駅前の名岐鉄道停留所から犬山まで電車で運んだ。倉吉は、犬山の灯を遠くに見ながら、巌頭《がんとう》に座り、松江の名を呼びながら、頭の皮を剝ぎ取ったのであろう。そして最後に、狂った頭の中で神に祈り、水溜まりの中に生首を投げ捨てて、そのまま飄然とどこへともなく去っていった。

愛撫の果てに

変態鬼、猟奇魔、陰獣、さては鬼とまで罵倒された増淵倉吉が死体となって発見されたのは、松江が殺されてから一か月余り経った三月の初めであった。

この間、警察側は、東京、大阪はもちろんのこと、全国的な捜査網を張って、犯人の逮捕に尽力した。捜査本部の笹島署では、毎日四十人からの刑事が活動し、犬山付近は、連日二百名からの人々が山狩りを行った。

しかし、犯人増淵倉吉はどこに隠れたものか、警察や地元民の必死の努力をあざ笑うように、どの網にもかからなかった。それもそのはず、淫獣となった増淵倉吉は、そのときすでに松江のすべてを味わい尽くして死んでいた。

その日、犬山乗船組合の船頭木柱清吉は、家主から頼まれて、犬山橋の旅館田中屋支店の裏にある、バラック建てのかけ茶屋の掃除をしにきた。いつも軽く開けられる戸口が、その日に限って、中から厳重に戸締まりがしてある。不審に思いながら、無理に開けて中に入ると、清吉は「あっ」と叫んだなり腰を抜かしてしまった。

目の前に、女の髪の毛を頭巾のように頭からかぶった黒服の男が、ゴムの長靴をはいて、だらりと天井からぶら下がっていた。

「鬼がいた、鬼が……」

清吉は腰が抜けたまま、表に転がり出て叫んだ。

犬山橋は、たちまち人で一杯になってしまった。怖い物見たさの群集心理であった。首を縊《くく》った倉吉は、検視の結果、死んでからすでに三十日が経過していると思われた。

全身が茶色になっていて、悪臭がひどかった。洋服の下には、松江の着ていた毛糸の肌着をつけ、服のポケットには九銭と七銭五厘在中の男持ちの財布に、松江の所持品らしい豊川稲荷の黄色い財布が入っていた。

こうしたもののほかに、奇怪なのは松江の顔から切り取った眼球二個を志貴山のお守り袋に入れて右ポケットに納め、耳を左ポケットに入れていたことであった。

さらに目の前の冷蔵庫の中には二つの乳房を納めてあった。この乳房は、真っ白にカビが生えて腐乱していた。

完全に淫獣と化した増淵倉吉は、松江の首を犬山橋の近くの水溜まりに捨てると、その足で、この山茶屋に逃れてきたのである。戸を閉めた薄暗い山茶屋の中で、女の髪の毛を頭からかぶり、死体から切り離した乳房や局部を心行くまで愛撫し続けたのであろう。しかし、それは常人にはとうてい想像できない悪魔の戯れであった。

名古屋全市民を恐怖と怒りの渦の中に叩き込んだ奇怪極まりない殺人事件は、犯人増淵倉吉の自殺によって終末を告げたのである。


（原題「乳房を抱く一匹の陰獣」皆川五郎『増刊実話』昭和三十三年四月）

生肝殺人事件

乳房を含む生首

明治三十八年七月四日の明け方近く、長野県上伊那郡朝日村上平出の県道を、人とも獣ともつかぬ異様な呻き声を立てて通るものがあった。そこは、通称岡谷街道といって、上諏訪から平出までがちょうど二里、それから伊那、赤穂と天龍川の流れに沿い、飯田に達する道であった。当時は今の伊那電鉄もなく、汽車は松本から塩尻までと、南は富士見までが開通したばかりであった。

したがって、諏訪の湖畔だけが未成線であり、当時は岡谷街道にも飯田行きのガタ馬車が走っていた。馭者の吹くラッパが天龍川の早瀬を渡り、山峡に谺《こだま》する……、そのような、伊那渓谷にあった駅馬車時代の物語である。

ところで、その人と獣の区別もつきかねるような呻き声は、最初、平出尻の水車小屋あたりから始まって、寺前を過ぎて関の街道筋を西へと流れていった。その声がときおり止むと、天龍川の瀬の音が、蓋《ふた》をするように耳にかぶさってくる。

街道筋の一軒の雨戸から、ちらっと灯影が洩れた。

「姉さま、あの声はなんだろうか？」

朝の三時半といえば、農家では一番の桑摘みで、竹淵という名のその家も姉妹ふたりが仕事に出かけようとしていた。

「そうだのう。猫でもねえようだし、犬でもねえようだし、えらあく風邪引いたような声だが、酔いどれじゃねえかえ」

「なんの姉様、とぼけるでねえ。村中銭なし者ばかりだて、酒え喰らうようなら、よほど金持ちだべい。おらあ、怖いけん、その提灯さ点《つ》けてゆっか」

それは、嗄《しゃが》れた人声のようでもあり、聴きようによってはなにか物悲しい病獣の呻き声のようにも思われた。足音もなく、声は十数間向こうの疱瘡祠の辺にまで迫っている。

「姉様、なんにもいねえだよ」

小窓から、そっと戸外を覗いた妹娘の眼には、ただ曙を告げる瀬の霧しか映らなかった。生暖かい、昨日の照りが冷えきらぬ間に、今日の暑さをはや告げ知らせるかのような霧の流れ。そして、しばしののちに、光り始めた裂け目の中から異様なものが

現われ出てきた。妹娘が思わず叫んだ声に姉が代わったけれど、

「ほう、犬でねえかよ。白と黒ぶちの、見かけねえ犬だし、首っ玉には縄切れがつないであるし、だが、体つきはどうにも太郎犬みてえだし……」

「姉様、太郎犬なら、白むくだべえが。それにあの狂犬だちゅう評判だにな。どおれ、ほんや、まっこと太郎犬だ。一晩で、いつの間に斑《まだら》になりおったのか、こりゃたまげたこんだ」

　太郎犬とは一、二年前、岡谷から流れてきた宿なし犬で、誰一人かまい手のない野犬であった。全身、混じり毛なしの白で、飛驒犬であったが、近ごろではとみに凶暴性が募って、狂犬ではないかと噂されていた。それに常日ごろ、川瀬の馬場水車小屋付近を根城にしていたので、水車主の勝太郎からも、太郎犬の撲殺願いが届けられていた。

　その、痩せさらばえた犬が不思議にも一夜のうちに毛並みが変わってしまっている。しかも、嗄《しやが》れた悲痛な声をふりしぼって、明け始めた薄明の中をさまよっているのである。その薄気味悪さ……、なにか曰くありそうなうそ寒い感じがして、姉妹はその場に竦《すく》んでしまった。するとその様子を見て、祖母の夕ケが険しい顔で土間に下りてきた。この女は文久元年（一八六一）生まれで、村でも有名な気丈な婆《ばば》であった。

「これ、なにわからぬこと言って出かけねえだ。太郎犬だ⁉　犬の見分けがつかねえ

で、どうするだ。鰌《どじょう》や鯰《なまず》なら、ちと無理かもしんねえが、太郎犬だぞ。う、う、ほんとにこりゃ、斑になってるだが、あんしたってこったろう」

と、さすがのオタケ婆さんも、度肝を抜かれた体《てい》だったが、こんなことで、怯《ひる》むような気弱な婆ではなかった。

「狂犬が、なぜ怖いのや。嚙まれたら黒砂糖ば塗っとけ。ようし、おらが一番、追っ払ってくれるか」

ヨキという木割斧を手に戸を開いた婆さんが、片手の松薪を犬めがけて投げつけると、犬はキャンと一声、残しただけで、まっしぐらに逃げ去ってしまった。

「そうれ、見ろ。太郎犬なら狂犬だで手向かいするじゃろう。あれは、他の犬じゃけん。さあ、さあ、早う、愚図つかずに、行けというたら」

ところが、投げた松薪を拾って再び土間に入ったとき、さしもの気丈婆も、ぞっとして顔色を変えた。ちょうど犬に当たったと覚しい部分に、なにやら黒くべっとりと付着しているものがある。灯にかざしてみると、色もそうだが、プーンと鼻を撫でる、血生臭さにはっとした。血だ、血だ、太郎犬に斑と見えたのは、まさしく血だ。しかも総身からほとんどすべての血を抜くほどの量である。婆さんは、思わず薪を土間に放り出し、近隣の人たちを大声で呼び歩き始めた。

「惣太どん、起きてくれんかよ。太郎犬がどこかの赤児を、喰いよったけん」

そうして、駐在所の巡査水久保信三を先頭にして、点々と連なる血の跡を辿り始めた。すると、それは、いつも太郎犬の寝る馬場水車まで続いていた。しかし、調べてみると、そこは別に異状がなく、さらに新しい血滴の跡が発見された。つまり、太郎犬は一度水車小屋へ戻り、それから街道筋へさまよい出たのであるから、今度の血の跡がまさしく現場へ導くものと考えられた。

そこで、水車小屋の、馬場勝太郎を加えた一行は、それから血の跡を再び辿り始めた。すると、その方は意外にも遠く、はや同村を出外れようとする下平出の北端、街道下の、田圃中にある一軒家の前でとまっていた。そこは、雉子肝丸という売薬を行商する武田儀三郎の家で、そのとき、儀三郎は飛驒の高山に赴いていて留守であった。

遠く東の方の連山が、小豆色に染まってきて、重畳たる峰の分かれが息づくかのようにはっきりしてくる。しかし、四辺はまだほの暗く、雉子肝丸の看板が暁の風に揺れはためいているだけであった。この寂とした早暁に、儀三郎の留守宅では、何事か起こっているに相違ない。

そのとき、戸袋の脇で、水久保巡査が異様な物を発見した。無惨にも切り落とされた赤児の片腕で、村民はそれを見るや、「あっ！」と声を立てて後ろへ退《すさ》った。驚いたことにオタケ婆さんの、赤児が喰われているという予言が的中したのである。しかし、それは刃物で切り落としたもので、太郎犬とは無関係であることが判った。

「オタケ婆さん、これはまさしく赤児の片腕じゃ」

「いんや、俺《おりや》ぁ、なんにも知んねえだ。犬は、よく赤児を喰いよるで、そう言っただけですよ」

オタケ婆さんが狼狽しているうちに、一枚戸を開いた一人が、「あっ！」と叫んで飛び退った。瞬間、差し入れた角灯の光の中に、まことむごたらしい死体が発見された。苦しげに、眼を剝《む》き空けた女の生首が一つ、そのかたわらに頑是《がんぜ》ない当歳児の首があどけなく頰笑んでいた。しかし、それ以上に奇怪なことは、その二つの首が、それぞれ唇にしっかと双の乳房を含んでいることであった。

ゆらゆら暁の微光がたゆたい揺《ゆ》らめくなかに、チカッと眼を射るのは女の裸身である。しかも、首がない。血は臓器を交えて、胸から下を布のように覆っている。またそれが下腹部のあたりでくらげのように乱れ、くわえ出したはらわたの端が犬の足跡とともに隣室にまで及んでいる。

そのうえ、死体はその二人だけではなかった。さらに仏間と覚しい一畳半の部屋にも、咽喉を抉《えぐ》られた六、七歳の娘が転がっていた。そこにこもった熱気、むっと鼻をつく血の臭気。人々は雨戸の陰を恐るおそる覗きこんでは、今にもこの惨劇が疲れたとき見る悪夢のように消えてしまうのではないかと考えていた。

筆者は、この辺りの叙述が少々読者の印象を夢幻的ならしめるのではないかということを恐れる。しかし、これは歴然たる実話である。それで、次にその証拠として、長野地方裁判所飯田支部の予審判事鈴木虎雄氏が作成した、予審決定書の抜粋文を掲げることにする。

……同日午後十時ころ、室内の闇黒なるに乗じ、南入口より侵入し、乳児由美と添い寝中なりし芳野の咽喉を手拭いにて締めて窒息せしめたり。それより洋灯に点火し、芳野を六畳の間に引き出し、携うる匕首《あいくち》を以て、芳野の咽喉部を刺し通してまったく絶命せしめ、さらに芳野の胸部より腹部にかけて、十字形に切開し……（中略）。それより被告は芳野方にあり合せたる予押第一号の脇差にて、芳野の首を斬り放してその脇差をば首級の断面より臍下辺まで刺し通し、且つ芳野の首級は、乳児由美のと共に、切開したる芳野の腹中に入れたり。

……前掲坂本芳野を殺害し、まさに腸部を切開せんとするに際し、凶行の間に寝臥しいたる、子守武田しんが泣き出したるにより、発覚を防止するため、しんの咽喉を刺し貫き殺害したり。なお間もなく、乳児由美も眼をさまし泣き出したるにより脇差にて、由美の首も斬り殺害したり。

すなわち、悪鬼の手で屠り殺されたのは、武田儀三郎の内縁の妻坂本芳野（二六歳。山梨県中巨摩郡稲積村大字成島）その子由美（一歳）それに子守として雇われた武田しん（六歳。上伊那郡朝日村平田、武田政治郎二女）の三人なのであった。そうして、その日のうちに、赤穂の分署からは多田部長、小間木刑事、飯田の長野裁判所支部からは、余語検事、鈴木予審判事の一行が、馬車を駆って平出へと急行したのである。

虐鬼を知る手毬《てまり》歌

ところが、捜査の結果は、何物ももたらさなかった。殺された芳野は身持ちがよく、痴情方面には見当がつかず、夫の儀三郎はその日の打電で、飛騨の下油井にいることが判った。そうなってみると、捜査の前途には、暗雲を見るよりほかになかった。第一盗られた物が何一つないのだし、凌辱の形跡もないのだから、誰がいかなる目的で、このような酸鼻の極みともいうべき犯行を演じ去ったのか見当がつかない。おまけに、現場には手掛かりになるような物が一つも残されていない。ことごとく、太郎犬が荒らし乱してしまって、床の柱に、拇指紋が薄く残されているだけであった。が、それさえもほとんど顕出が望まれない。

ところが、午《ひる》を過ぎたころ、多田部長の耳に重大な聞き込みがあった。それは、その前日、高徳寺の裏で遊んでいた武田しんの友達で、鎌田みきという尋常小学校二年の娘がおり、その娘が見慣れぬ大阪訛りの、五十男を見たというのである。

けれども、往来の頻繁な岡谷街道で、日に一人や二人の上方男がいるのは異とするに足りない。それに、場所というのも街道筋で、いつも行き交う人々の、午睡場所であったからだ。

「そのオッ様は、薄い痘痕《あばた》のある人で、俺にえらぁく怒ったげな」

「なんで、怒ったね。よく上手に言えたら、このおじさんが、たんまりご褒美をやろう。そのときお前は、高徳寺の裏で何をしていたね」

「しん公が、赤ん坊を負って、おれと二人で毬《まり》ばっついていただ。すると、藪の中から、そのオッ様が出てきて、えらく怒ったげな。この悪たれども、ぎゃあぎゃあうるさいと、たたき殺すぞ！って、言ってただ」

それを聞いて部長は、やや淡い失望の念に襲われたが、しかしなんとかして、その男を怒らせた理由を知りたいと思った。それで試みに、そのとき歌ったという、手毬歌を歌わせてみた。

父もし、この子が男なら、下には置かまい泣かせはしまい。
銀の団扇《うちわ》で煽って三つ四つまで御手車で育て、
五つ六つから髪結ってくれて、七つ八つから手習いさせて、
手習い嫌いで賭博が好きで、賭博打ち打ち負かされて、

鉄砲担いで雉子打ち御座る……

と、歌いかけたとき、部長がいきなり慌《あわ》てたように遮《さえぎ》った。

「おっ、ちょっと待った。その男は、お前が、鉄砲担いで雉子打ち御座る……と歌いかけたとき、飛び出してきたのだろう?」

「そうじゃ、よう知っとるなあ。するとお前様は、親類の衆かのう。おれが雉子はケンケンバッタバッターと言うたら、あのオッ様が、えれえ顔で飛び出してきただ」

「そうか。いい子だ。これは、馬市までお小遣いにとっとくんだぞ」

と、銀貨を何枚か握らせた部長は、それからも、燦々と注ぐ烈日のもとで立ちつくしていた。草履脚半のいでたちに白絣《がすり》、その尻をはしょって、頭には鳥打帽子。その風体が、鼻下の長尖ヒゲとしっくりしないところ、今日びの刑事諸君を思うと、隔世の感がある。そのそばには、同じようないでたちで、小柄な小間木刑事。水久保老巡査一人だけが官服で、部長の長思《ちょうし》をいぶかしそうに見守っていた。

その平出神社神楽堂の裏は、真夏の昼特有の、水を打ったような静けさであった。風のない、朽ちた下生えの、むっとくる草いきれ、ジーンと耳元を襲う小虻《あぶ》の羽音に、はやうとうとと眠気がさしてくる。しかし、部長は眠っているのではなかった。やがて、生気が顔に満ち溢れ、ビシリと首筋の虻《あぶ》を音高く潰した。

ここで部長は、捜査の針路を漠然とながらも描くことができた。なぜなら、殺された一家の職業は、雛子肝丸の行商であり、それゆえ、雛子打ちという無心の手毬《てまり》歌が、犯人の神経にズキリと刺し立ったともいえるからである。しかも、その手毬歌をよく知る大阪訛りの男……と、早速手配が塩尻の鉄道工事の飯場へと飛んだ。

しかし、さだめし読者諸氏は、多田部長の推定に多分の疑惑を抱くことであろう。手毬歌の一句から、犯人の心理表出を捉え得たということは、思えば、それは余りにも探偵小説的である。けれども、この部長は俳人としての名も高く、後年「粕味」と号して、南信俳壇を率いたのを見ても、うなずかれるところである。それに、この部長はなぜ直感だけで鉄道の飯場を目したのであろうか。それは、決して漠とした見込みだけではなかったのである。

ところが、この明察に対して異議を唱えた男が二人いた。一人は朝日村駐在所の水久保巡査で、彼は竹淵の気丈婆を疑わしいと思っていた。なぜなら、赤児の死を予知していたような言葉といい、それに平素も芳野を悪しざまに言い触らしていたからである。

また、もう一人は小間木刑事で、彼は犯人村内説を固く持して、譲らなかった。そしてこれには、なにか潜在した動機があるのだろうと言い、部長のように、流しの所行などと考えることはとんだ偏見であると主張した。それればかりか、こうと信ずる、犯人の特徴もまた違っていた。

それが部長の言う、背の高い上方訛りの男とは違って、むしろ刑事は背が低い、それも常人以下の者が犯人だと主張した。

「部長、ご承知とは思いますが、床柱の上方に拇指《おやゆび》の痕がありましたね。ところが、その上の釘に、松本の飴市の袋が掛かっていました。ご存じのように、犯人はそれを引き千切って指の血を拭《ぬぐ》ったのですが、そこへは常人ならば楽に手が届きましょう。しかし、その下に指の痕がある。私は不審に思って、次のように考えました。おそらく犯人は、私のような背の低い男であって、背伸びをして取ろうとしたはずみにつまずいたのではないか……」

「ふむ、悪くはないが……」

しかし、部長にはその全部を肯定するような素振りはなかった。

「すると、犯人が二人ということになるね。つまり、上方訛りの男と、その小男だ。で、水久保君、君が主張するオタケ婆さんだが、わしにもあの婆さんがまんざら無関係とも思えん。君たちは、わしが塩尻の飯場を狙ったことについて、とかく言うようだが、それがオタケ婆さんに偶然つながりを持っている。聞かそうか。なぜ犯人が、首に乳房を含ませたのか」

と、言われて刑事の眼には、おのれの乳房を含んだ坂本芳野の生首、それに母の乳首と知ってか、うっすらと眼を閉じている幼子の首が、悪夢を強いるかのように彷彿と浮かんでくるのであった。

「そんなわけで、この事件の動機を痴情を原因にした怨恨沙汰と睨んでいる。それは、芳野の夫の儀三郎だが、先年、塩尻の駒居屋にいた酌婦と馴染んだそうだ。なにしろ、儀三郎には小金がある。お千代という女も、大阪生まれの情夫を捨てたほどののぼせ方《かた》だった。で、結局、女は男の種を宿して双生児を産んだ。もう一度言うが双生児だよ。捨てられた上方の情夫は、大阪生まれなんだ。しかし、その双子はまもなく死んだそうだし、お千代も手切金を貰って、他へ住み替えたそうだが、その間、口利きをしたのが、あのオタケ婆さんなんだ。ところが、謝礼が少なかった。それから芳野のことをことごとく悪しざまに言うようになった。どうだ、これであらましの決着がついたじゃないか。その上方の男が、なぜ斬った首二つに乳首を含ませたかという理由も判る。つまり、双生児を暗示していると思われるのだ」

「ですが、どこで、その話をお聞きになりましたね？」

「赤穂の署内でだよ。小使の神名七蔵な、あれがこの村の出身であるのを知っとったもんだから、平出の武田と聞いたんで、あらましを聞き取っておいたわけなんだ」

しかし、工事場を流れゆく土工と知ったとき、犯人を今この手で挙げることは、とうてい不可能だと思った。だが、まもなく、部長のその説にとんだところから反発があがった。それは、小間木刑事が念のためと思って、例の男が飛び出したという、藪の中を探したからである。

意外にも、藪の中には入り乱れた草履の跡があり、しかも土の上には薄く、肝、質と書いた二字が読まれる。

肝、質
しばらく刑事は、その二字と睨み合っていたが、やがて踵《きびす》を返して駐在所に駆け込んでいった。多田部長は、一部始終を聞き取ると、いきなり唸り始めた。

「こりゃあ、小間木君、とんだ拾い物だ。わしも不審には思っていたが、どうにも判らない。実は、芳野の死体には、肝嚢がなかったのだ」

「そりゃ、あの太郎犬が喰ったのですよ。切った肝嚢を持ち歩いて、いったいなんになります」

水久保巡査は鼻で嘲《あざ》笑い、相変わらず気丈婆のオタケ説を主張する。一方、部長と刑事は村民を駆り出して太郎犬狩りの仕事に取りかかった。太郎犬を捕らえて肝嚢を食べたことを立証する必要があった。だが、太郎犬狩りは、失敗に終わった。鯨波《とき》の声をあげて、村内をあちこちへと追いまくっているうちに、結局、天龍川を泳ぎ渡られ、対岸に逃がしてしまったのである。切戸尾山から静かに這いくだる夕霧の中に、太郎犬の姿が次第に霞んでいった。今はこれまでと、傲然と火蓋を切る猪撃ちの数発の音が轟いた。その硝煙の霽《は》れ間には、ただ物悲しい裂声のみが残り、謎を背負ったまま、太郎犬は密林の中に消えてしまった。

しかし、そのあいだも、部長の頭をめぐるのは、つぎの謎語であった。〈肝、質とは、肝の質を言うのか。それとも、肝を質入れするというのか……〉

犬の首縄

天龍川の瀬に轟《とどろ》く銃声を最後に、この事件は迷宮に入ってしまった。芳野の肝嚢を太郎犬が食ったかどうかが勝敗の分かれ目で、犬を逃し、目標を失った今は、ただ悪鬼の冷笑を背に感じるだけであった。それに、塩尻の調査も徒労に終わって、竹内千代という、儀三郎の情婦の行方も分からなかった。

ただ、今はときおり思い出したように、水久保巡査がオタケ婆さんの逮捕を促す上申書を送ってきた。やがて、署内の意見もそれに一致して、翌三十九年三月二十日の夜に、小間木刑事は再び平出に向かった。ところが、翌日の十時ころ、朝日村の駐在に着くと、意外にも水久保巡査が血走った眼をして、

「いや、小間木さん、わしはなんとも仏に済まんことをしてしもうた。驚きなさるな。昨夜、オタケ婆さんが殺されてしもうたのじゃ」

「なに、殺された。オタケ婆さんが！」

それは、しばらくのあいだ、水久保巡査の言葉が信じられなかったほど、小間木刑事にとって大きな衝撃であった。現に押送の任を託されたその老婆を、今は自分が検死をしなくてはならない。しかし、その反面、気丈婆の死は濃い迷霧の一角を吹き払うことになった。

彼女も首を断られ、しかも、腹を十字形に切開されて、そのうえ、今度も肝嚢が取られていた。しかし、現場には太郎犬どころか、鼠の足跡もなかった。

真相が判った、肝《きも》取りだ！

気丈婆オタケの死体は、高徳寺から五丁余りの距離にある、宇仏石という小山の上にあった。死体を引き摺ったと思われる跡を辿《たど》ってゆくと、山を下り、高徳寺前の田の中に入り、そこから畔《あぜ》を上がった道路の中央に吐瀉物を発見した。すなわち、オタケ婆は最初ここで首を絞められ、それから宇仏石の大石の上に運ばれて、前回の事件と同じように包丁で肝嚢を取られたわけである。

「小間木さん、こりゃあやはり肝取りですわい」

「そうです。それで困っているんですよ。これが怨恨によるとか、あるいは流しの物盗りならいいのですが、なにしろ目的物が人間の肝なんですから、それでこの界隈に肝を必要とするような病気の患者はいませんかね」

人間の生肝がハンセン病に効く——これは迷信なのだが、俗にとりわけ二十歳から四十歳までの婦人の生肝や胎児の生肝が病いに奇験があるといわれていた。その言い伝えをもとに、小間木刑事は、そうした方面の患者調べを始めた。調査は実に四か月にわたったが、結局徒労に終わった。そこで刑事は、飯田署に転じている多田部長の意見を求めた。

「そう落胆せずにいてもらいたいね。実は、わしの方にも、その後思い当たったことがある。それは、例の太郎犬だが、あのとき、首に縄切れがついていた……」

「むろん、不審ですが、私には徹するまでの考えが出ませんので……」

「では説明しよう。当時、太郎犬は、川瀬の馬場水車付近にいた。もし犬を連れて、凶行現場にのぞんだとして、しおおせたあとで結び縄を解いたとしよう。そうしたら、肝嚢を奪っても、それを犬のせいにできる。また、途中、もし血痕などを残したとしても、犬の帰り道とすれば、誰も疑う者はあるまい」

「ああ、では……」

「そうだ。犯人は馬場水車の主、馬場勝太郎だよ」

と言い切った多田部長を、まだ小間木刑事は信じ切れずに見つめている。

「勝太郎を捕らえて、思う存分に叩くんだね」

（しかし……）と、刑事は心の中で、繰り返し反問を続けていた。

（なるほど、馬場水車の主の勝太郎ならば、いかにも成算通り、五尺〔一メートル五

十センチ余り〕に足りない小男である。しかし、生肝の効用はなんだろうか。質《しっ》かうか〕

――質《しち》か――あの文字の、奥深い底の底に、真実の解決が潜んでいるのではないだろうか〕

と半ば疑いながら、刑事は赤穂の分署へ戻っていった。

ところが、帰着して、いつものように留置人名簿に眼を移すと、意外、その日の日付で、馬場勝太郎の名があるではないか。

「あっ、馬場勝太郎、二十九歳。婦女暴行未遂……」

小説と違って、実話は常に竜頭蛇尾に終わるものである。肝取り犯人は、果たして部長の推察通り馬場勝太郎であった。

――この数年、営業が思わしくなく、絶えず債鬼に責められ続けていた勝太郎は、一日、旧知の大阪生まれの男に逢った。その男は、十年ほど前に、同村の長岡増太郎方で働いていた男で、勝太郎は姓も名も知らなかった。

ところが、その男から、病気を治すための生肝が欲しいというのを聞いて、即座に彼は百五十円の報酬で引き受けた。そして、最初の犠牲者となった武田方を襲ったのであるが、いざ肝を渡すと、その男の態度が一変した。勝太郎は逆に脅《おど》されて、意気地なくも殺人の告白文を書かされた。そして、金もわずか二十円ほど渡されたに過ぎなかった。

（つまり肝という字も質という字も、藪の中で男が土の上に漢字を書いて教え、勝太郎が書いた告白書の中の文字である。しかも、告白文の宛名を何とするかと訊くと、その男はカラカラと笑って、いいから、大阪質屋様にしておけ——。その質の一字に、部長も刑事もさんざん惑わされたのであった）

——ついで第二の殺人竹淵タケ殺害の仕事を終えると、やはりその男は小額の金を渡し、今度は旧盆にまた逢うから、そのときは金も都合するし、もう一度頼むと言い置いて、大阪に出立してしまった。そして、三度目の事件が九月二日で、同村字上平出の岩垂キク（三十七歳）を狙ったのが運の尽きであった。キクは有名な力自慢で、襲いかかったとき、逆にその女と通りかかった伊藤忠治に組み敷かれてしまった。しかし、キクの抵抗が強く、殺意を感ずるまでにはいたらなかったので、単に婦女暴行未遂として、留置所に送られたのであった。

（原題「生肝質入裁判」高橋清治『猟奇』昭和二十一年十月）

無銭宿

父との話は、月に三十円ずつ、送金してもらえることにきまり、念願叶って、ぼくは絵の勉強のためにはじめて上京することになったのである。大正十一年の初秋なのである。詰襟の霜降りの服に、リボンなしの形のくずれた黒のソフト帽子、ズックの赤靴、というような風体で、柳行李を肩に、バスケットを片手にぶらさげて、東京駅に降りたのは夜なのであった。しかし、迎えに来てくれる筈の友人、我謝君の姿は一向に見えなかった。ぼくは、構内の一隅に、バスケットと柳行李を置いて、そこに突っ立ったまま、我謝君の姿の現われるのを待っていたのだが、待っているうちにいよいよ来てくれそうもないとわかると、急に、こころぼそくなってしまって、いっそのことこのまま、国へ引っ返そうかともおもったりなどして、ぼくは意気地もなく郷愁に襲われたのである。するとそのとき、うしろの方から声をかけられた。

にいさんどこまで行くんだい。というのである。振り返ると、人力の車夫がしげしげと見ているのだ。ぼくはこれでも、自分が田舎者であることは出来るだけ人に見せまい気づかれまいと、なにかにつけ気を配ったつもりで、そっとそこに立ってはいたのであるが、車夫に発見されて赤面してしまった。それでも、金三円也を投じて、その人力に乗せてもらい、夜更けの街々を縫って、どうやら我謝君の宿まで届けてもらったのである。我謝君の宿は、早稲田戸塚町の、諏訪神社裏の釣堀のある家で、かれは、そこの二階に下宿していた。ぼくとは、小学時代に仲のよかった友人で、かれは小学を卒えて郷里を去った。そして、佐賀の中学を経て、東京の大学生になっていた。その間ずっと折りにふれては、ぼくに便りをくれていたのである。かれの便りはほとんどが、虫や空や樹木などのある季節々々の色彩でいっぱいなのであった。かれはまた、南方産にしては珍らしいくらいに、生れつきの色白で、東京で見る久し振りのその顔は、眩しいほど格別に美しくなって光っていた。

　知らせてくれれば駅まで迎えに行ったのにと、我謝君はぼくに言った。ぼくは、車中で知り合った青年のことを思い出さずにはおれなかった。青年は、途中下車と称して大阪で汽車を降りたが、電文を書き込んだ頼信紙に電報料を添えてその青年にあずけたのであった。それもすすんでぼくから頼んだのでもなかっただけに、青年の親切にやられた感じなのであった。その夜、寝ながらの話に、目下ある女性から求愛されて困っていると我謝君は言って、実はそれがこの下宿の娘できれいな娘なんだと言った。ぼくはそれを音楽にでもきいているかのように、我謝君の仕合わせ、東京の仕合わせを、こころもちよく耳にしながら寝入ってしまった。

ぼくは我謝君に引っ張り廻されて、靖国神社を見たり神田の本のにおいのなかを歩いたりした。ある時は銀座へ出て、我謝君はぼくに、毛利の肉饅というのを食わせた。それから浅草の観音さまや十二階や金竜館なども見せてもらった。金竜館のオペラでは、舞台に出て来た女優にむかって、アイコ　アイコオとみんなが叫んでいた。

十月のはじめになって、我謝君のところから、本郷の湯島新花町に変った。玉成館という下宿屋の二階の三畳で、下宿料二十三円なのである。窓を開けるとそこには青桐の梢があった。ぼくは早速、郷里へ知らせて金の催促をしたり、郷里から持ち越した油絵の、福樹のある風景に手をいれたりした。この絵は後になって我謝君に所望されてかれに贈った。ここに来てからは、矢張り同郷の友人で須南君が時々訪ねて来るようになった。須南君は、首里の中学を途中でやめていたのだが、上京してまた中学生になっていた。父からは、約束の金がなかなか来なかった。月末に近くなるにつれて、そのことばかりが心配になって来たのである。そこで、ぼくは打電してみたのであるが、金も来なければなんの便りも来なかった。思い余って、訪ねて来た須南君に事情を話すと、なんとかなるから俺んとこへ来いよということになって、菊坂のかれの下宿に変ったのである。ぼくはとりあえず、新花町の下宿から菊坂の下宿に移って来たことを郷里へ知らせて、新花町の下宿代を須南君に立て替えてもらったことを書き添えて更に金の催促をしておいたのである。ぼくはこの下宿から、すぐ近くにある洋画研究所に通うことになって、またデッサンの真似ごとをはじめた。またというのは、中学生になってまもなくの頃から、アグリッパの石膏像を父にねだって、上京直前までつづけていたからなのである。下宿から、下宿屋と下宿屋の間を出ると、右は平坦な途、左はだらだらの下り坂で、下宿から出たところは丁度この坂のうえなのである。ここから見える富士は、すでにその頭が白くなっていた。だらだら坂を下りると突きあたりに交番があって、右への道路は下り加減で餌差町の方へ、左の上り加減の道を行くとその出外れの右角が燕楽軒というカフェー、そこを右へ曲ったところが本郷三丁目の交叉点なのである。更にそこから、上野広小路の方向へ一寸《ちよつと》行った右手の横町を這入ると、洋画研究所はすぐ左側なのである。ぼくはここで、木炭の音に陶酔しては、また、だらだら坂をのぼって帰るのである。

ある夜、雪が降った。ぼくには初めての雪なのである。須南君は、その雪をぼくに見せるというのであろう。窓を開けっ放しのまんま戻って来て、また火鉢に手をかざしたが、

忠臣蔵を思い出すだろう。とぼくに言った。ぼくはうなずいて須南君に、君もはじめての時はそうだったのかときくと、

民族はみんな忠臣蔵だ。と言って須南君は笑った。この民族というのは、つまりは、須南君やぼくなどの属している民族のことで、南方、亜熱帯の洋上にうかぶ珊瑚礁に住んでいるために、雪を知らずにいるのだが、それでも、忠臣蔵の時には紙製の雪が降るのであった。

雪は、しばしば降って、マント姿の波里さんが、ぼくの下宿に訪ねて来るようになった。波里さんは、五年ぐらいぼくの先輩で、郷里では隣り近所や友人間に、風変りな人として見られていた。夜更けになると、かれは蛇皮線を肩にして出かけては、海岸の崖下の洞穴のなかで暮らし、夜明けに、またその蛇皮線を肩にして帰ってくるというような調子なのであった。かれは上京して、私立の音楽学校に通っていて、訪ねてくるたびにいつも、マントの下からヴァイオリンのケースをのぞかせていた。ぼくは下宿の借金を、須南君の顔で翌年に持ち越すことが出来た。ぼくは父との約束を諦らめ切らずにいたのだが、電報も手紙も役に立たなかった。下宿からの催促を受けるたびに、須南君も懸命になって言い訳をしてくれるのだが、加速度的に催促を受けるようになったのは、二月の末頃からなのである。ぼくは次第にやけくそになって、しまいには絵具箱だの画架などみんなぶち毀してしまった。もう絵なんかやめてしまうというわけなのである。それを、訪ねて来た波里さんが見て、そんなことしたって下宿料がどうにもなるもんじゃないよと言って先輩らしく笑ったが、どうせこんなとこ

ろは暴利を貪っているんだからと言い、

俺なら消えてみせるよ。と波里さんが言った。ぼくは、須南君の世話でこの下宿に来たことをおもわずにはいられなかったが、あとは引受けるから心配するなと須南君は言うのである。そこで、ぼくは、波里さんの暗示にかかったまま行動に移ることになったのである。約束の日の夕方になって、マント姿の波里さんはやって来た。いつも、マントの下からのぞいている筈のヴァイオリンのケースが見えないのは、なにかにつけ邪魔になってはとおもってのことかも知れない。須南君は、そわそわしながらにこにこしていた。波里さんは一服つけながら、ぼくに、荷物は？　ときいた。

荷物なんかいらんですよ。と答えると、

馬鹿を言いなさんな持てるだけの物は持つんだ。と波里さんは押しつけるみたいに言って、またここに帰ってくるのでもあるまいし。とつぶやいた。しかし、ぼくにしてみれば、逃げるつもりで逃げるのではないので、荷物まで持ち出すにしては、下宿の借金に義理を感じ過ぎているくらい気の咎めるところがあるのであって、事実、ぼくとしては、お金の都合のつくところどこからでもすぐに引っ返して来たい気持でいっぱいなのである。時間が時間なので、部屋々々に膳を運んでいるらしく、廊下には女中さん達のスリッパの足音がきこえた。スリッパはこちらにも近づいて来て、障子が開いた。意外にも、膳のうえには一本ずつの銚子がついているのである。女中が出て行くと、ぼくらは顔を見合わせてふき出してしまった。

まあまあ夕めしでも食ってからのことだ。とそう言って、須南君がいつのまにやら大人びていたのである。飲んで食って雑談の後、そろそろ支度にかからねばなるまいと、波里さんがまたしても、荷物のことを言い出したのである。かれは立ち上って勝手に押入を開けたかとおもうと、振り返って、ぼくのことをその眼で促した。ぼくは立って行った。荷物といっても、柳行李のなかとバスケットのなかにあるだけのものなのであった。波里さんは行李を開けると、中を引っ掻き廻わしてそこらに散らかしはじめた。シャツや猿又やズボン下や、四枚か五枚ほどの衣類なのである。ぼくは、それらのものを風呂敷に包もうとした。するとそれを、波里さんが制して、駄目だ荷物にするのはまずいんだ。と言った。かれはそれらのものを、着られるだけ着ろとぼくにすすめるのである。ぼくは、卯年持ち前の性格からも、波里先輩の暗示に対してはすぐに従順になるのかも知れないが、それにやけくそも手伝い、その上、のんだ一本の酒からも次第に調子づいて来たのかも知れなかったのである。ぼくは、まず、着ていた霜降りの服を脱ぐと、猿又やシャツやズボン下と、行李のなかから出たものを重ねて着たり穿いたりして、また霜降りの服を着たのである。その間に、波里さんは、じぶんでもその紺サージの服のうえから、浴衣や単衣物《ひとえもの》などを重ねて着てしまった。かれは、ズボンのバンドを外し、重ねた着物の前をかき合わせるとそのうえからバンドを締めなおした。そこで、かれは、まるで手本を示したように、ぼくにもそうしろというのである。ぼくは、かれを真似て、久留米絣《がすり》の袷《あわせ》と羽織を服のうえに重ねて帯を締めた。あとは、蒲団と毛布なのであるが、蒲団は、須南君が一役買って出て、部屋の窓から下宿の横の路地へ細紐で下ろしてくれることになった。波里さんは、毛布を畳のうえにひろげていたが、適宜の幅に折ると、それをかれ自身の胴にくるくると巻きつけて麻紐を帯にして結わえたのである。

ふたりが、それぞれマントを肩からかけると、それぞれの奇妙な恰好が、すっぽりと隠れてしまった。波里さんはまだ足りないみたいに、ほかにはもうなにもないのかときくのだが、ぼくはもう懲りていたのである。しかし、かれは、もう一度バスケットのなかを開けて、取り出して見せたのが庖丁と、一枚ずつ紙にくるんであった五枚ばかりの皿なのである。そんなものいりませんよというと、波里さんはまるでそれを自分ごとのように、いやいるんだといいながら、毛布の懐に庖丁を差し込んだかとおもうと、皿を三枚ばかり頭にのせて、ソフトの帽子をうんと眼深かに被ってみせたのである。ぼくには、それが、なんのことだかわからなかったが、波里さんは、それを、誰が見ても手ぶらにしか見えないだろうと云い、出かけるところを廊下や玄関で、誰かに見られないとも限らないからと言うのだ。云わば、こうして、持てるだけの荷物を持ったかれが、人目には、手ぶらみたいに見せかけるための苦心の技術なのであった。

波里さんは、またしても、残りの皿をぼくに差し出したのだ。ぼくは、このような、かれの仕種の一々に、金持ちの倅としてのかれの育ちを見るようで、自他を乗り越えてくる猛烈なその物欲のようなものには、こころひそかに反撥を感じないわけでもなかったのであるが、ここまで来ては、ついに、道化なのだ。いまは、まるで、あべこべに、波里さんからかれの手伝いごとを強いられたおもいでいっぱいになったが、渡されるままに、ぼくもその皿を頭にのっけると、ソフトの帽子を、うんとやけくそに眼深かに被ったのである。

ぼくは、その夜、菊坂の下宿から姿を消してしまった。むろん、波里さんといっしょに暮らすことになったのである。かれは、駒込片町の荒物屋の二階に間借りしていた。電車通りに面した東向きの六畳間で、足の踏み場もない部屋なのである。隅っこの畳が一枚、壁に立てかけられていて、そこの床のうえには、楽譜のようなものばかりを山みたいに積んである。見渡すと窓際の方から、炭俵をはじめ、鍋、釜、七輪、火鉢と、その他の、ろくに洗ったこともないみたいな、炊事道具の群が、楽譜の山の裾まで乱れながら及んでいるのである。波里さんは、胴に巻きつけて来た毛布を、その持主には無断で早速絨毯がわりにして使った。庖丁も皿も同様の運命を辿った。かれの口からはたびたび、エルマンだのジンバリストだのが出て来た。かれは、いつも、突然立ち上るみたいに立ち上って、ヴァイオリンを肩に、手首をふるわせるのである。こうした暮らしのなかでも、郷愁は、時にふたりを襲って来た。そんなとき、波里さんはヴァイオリンを胡坐《あぐら》の膝のうえにのせて、ほんとうは楽器のためにはよくないのだがと言いながら、それを蛇皮線のかわりに爪弾きをはじめるのだ。かとおもうと、ある時は、街々の縁日や、浅草、銀座の雑沓のなかに、かれはぼくのことを誘い出すのだが、そこにうごめく群衆を、波里さんは顎で示しながら、ねえ君、あれだけのなかから抜きん出るということは大へんなことだねえ君と言ったりして、野心とも慨嘆ともつかない混ぜもののみたいな言葉をもらすのである。ぼくはぼくで、出掛けるたんびにいつでも、こころの隅でおどおどしている自分の姿を見逃がすわけにはいかなかった。菊坂の下宿の、おじさんかおばさんか、その息子か、あるいは、女中か下宿人の誰かに、途中、ばったり逢わないとも限らないからなのである。

荒物屋の二階には、梯子段を距だてて、外にも一人の間借りのひとがいた。中年の婦人なのである。職業婦人らしく、朝出かけて、暮れ方になって帰って来た。その婦人と波里さんとは、ひとつ屋根の下にいながら、たがいに顔と顔とが合っても、どちらも妙に知らぬ顔で通しているのである。ぼくが、ここに来たばかりの時、朝の小用のために襖を開けると、むこうの襖も開らくところであった。ぼくは、お早ようですと言って、挨拶しないわけにはいかなかったが、婦人はだんまりと避けるようにして、さっさと、ぼくよりも先に梯子段を降りて行った。戻ってくると、波里さんはいかにもぼくに不服らしく、挨拶などしてやる必要がないと言った。ぼくは、特に必要があって挨拶したのではなかったが、その婦人のことを、波里さんによれば、うるさい奴でいやな奴だというのであった。

ところが、あるときのことなのである。ヴァイオリンの音に、ぼくの眼が覚めたのだ。夜更けというのに、突然また、立ち上ったのであろう。火鉢の側には、波里さんが立っていて、手首をふるわせてやっているのだ。その姿は常識では到底、わかりかねるほどのまぶしすぎる光景なのである。ぼくは、唖然として、蒲団の隙間からのぞいているより外はなかった。すると、隣りの部屋の方から、

うるさあいッ。と叫ぶのが聞えて来た。まるで、張り裂けるような婦人のこえなのである。なにをッという気配がしたかとおもうと、ヴァイオリンの投げ棄てられる音がした。つづいて、ぼくの枕元を、荒々しく飛び越える跫音がして、ひらいた襖の柱にぶつかる音がした。ぼくは、それらの音をききながら、波里さんがその婦人のところへ、殴り込むのではないかとおもっていたのだが、かれは入口に立ち止まったらしく、

うるさかったら出て行っちまえ。と呶鳴り返したのであった。しかし、婦人は、それっきり応えなかったのである。ぼくには、ふたりのいきさつがはっきりした。婦人

は、波里さんのことをうるさがって、波里さんからうるさがられているのである。波里さんは、火鉢の側に戻ってくると、そこに胡坐をかいてお茶などのんでいる様子なのであったが、時計を見たらしく、まだ十二時前じゃないかと、ひとりごとを言ったりして、しばらくは昂奮のほとぼりの中にいた。

それから幾日も経たないうちに、波里さんは、荒物屋の二階を追ん出されたのである。家主は、もちろん、二階の婦人のことは黙っていたが、隣り近所がどうもうるさいんでと言った。

波里さんは、駒込中里に一軒の家をみつけた。ふたりは、手車を借りて来て、荒物屋の二階の荷物を運んだ。波里さんは車をひきひき、荒物屋をそそのかしたのはあいつなんだと言って、二階の婦人のことを思い出していた。

駒込中里の家は黴くさかった。平屋なのである。玄関を這入って、上ったところが三畳の間で、右隣りは障子を距てて板の間、むこうは障子を距てて六畳間なのである。六畳間に這入ると、前面の左側に一間の押入、その右隣りが、襖のひらきになっていて、便所なのである。東は押入と便所で、西は玄関、北は壁、六畳間と台所が南に向いていて、南を開けるとすぐ眼の前に省線の線路がある。家のなかは、どこをのぞき、どこに立ってみても、黴のにおいだらけなのである。波里さんはこの家を、存外、気に入っていると見えて、繰り返し繰り返し、理想的な家だと言った。第一、かれには、荒物屋の二階のうるさい婦人から解放されたよろこびであって、隣り近所は離れているし、昼でも夜中でも、存分にヴァイオリンの相手が出来るのだと言って張り切った。話をしているとその話が、なんどもなんども省線の音に揉み消されるので、勉強にはあれがうるさいですねえと言うと、波里さんは、ここだとばかりに真顔になって、

人のうるささにはがまんも出来なくなるが、省線の音などは馴れるときこえなくなるものだと言ったりした。だが、ぼくは、この家に来てから、ねむれない夜がつづいた。省線の音がきこえると、近づくにつれて頭の上にのしかかってくるようで、跳ね起きたい衝動に駆られたりした。ぼくはつとめて、電車は、線路の上に走っているものだと考えることによって、跳ね起きたい衝動を抑えることにした。何日か経って、ねむれないことを、波里さんに訴えると、

君もそうか。と波里さんも言った。ぼくらはそれを、電車の音に馴れないせいなのかも知れないのだと語り合って、いまに馴れてしまえば、頭の上に電車がのしかかって来ても、鼾《いびき》をかいて寝ているのかも知れないなどと言ったりした。しかし、ある夜のこと、珍らしくぐっすり寝込んだところを、波里さんに肩をゆすぶられて、ぼくは眼を覚ましたのである。波里さんは、ぼくに並行したまま腹這いになっていた。かれは緊張した面持ちで、ぼくに眼くばせをして、そっと、枕元のむこうを指差してみせた。ぼくもだまって腹這いになり、かれの指の誘う方へ眼をやった。そこは、便所な

のである。ふたりは息をこらして見ていたのであるが、ふと、ぼくの、身の毛がよだって来たのである。そっと、便所の襖が開いたからなのだ。それが、二寸か三寸ほども開いたのだろうか。その時、波里さんが、蚊帳から飛び出して行って、襖を、ぐっと大きく開いて見たのだ。かれは、なかの様子を検《しら》べて、首をかしげて出て来ると、襖を締めて蚊帳のなかに這入って来た。別に、変ったこともないのに襖のひらくのが変なのだと、ふたりはそればかりが不思議なのであった。というのはそもそも、日常、その襖の開閉には、こころもち、持ち上げるようにする操作を必要とするからなのだ。にもかかわらず、音も立てずに、襖が、ひとりでにそっと開いたのである。波里さんは、枕元にあったマッチを手にすると、また、起き上って蚊帳を出て行った。かれは、便所の襖を開けると、マッチの軸を、五本も六本も束にするようにしては、火を点けて、天井を見上げたり隅隅を見廻したり、足もとの暗い穴のなかを照らしては、なんども、そこをのぞきこんだりした。

それでも、日は経った。電車も、その線路から飛び出して、頭のうえにのしかかって来そうな気配などしなくなって、睡眠や話の外側をおとなしく往ったり来たりした。たとえ、眠れない夜があっても、ぼくらはそれを、電車のせいにするのでもなく、便所の襖のせいにすることもなかった。そんなときには、ふたりとも、神経衰弱だと言い合ったのである。

その頃になって、須南君が訪ねて来た。かれとは、菊坂の下宿を出てからはじめてなのであった。かれは、片町の荒物屋できいて知ったと言った。ぼくは、郷里へ帰る旅費のことについて、かれに相談したいとおもいながら、その下宿へ、手紙も出せず訪ねて行くことも出来ないで困っていたのである。かれは、その後の下宿のことをぼくに報告した。下宿のおじさんが、いちど、神保町で、ぼくの姿を見かけたというのである。ぼくが、駿河台方面へ向って歩いているところを、日比谷行の電車に乗っていて、生憎と、電車が動き出してから、窓から見たと云って、おじさんが残念がっていたというのである。それは、明らかに人違いなのであるが、だから、うっかり道も歩けないものだとぼくはおもった。須南君の話によると、ぼくが、姿を消した翌日から、夜になるといつも、女中かおばさんが、まだ帰りませんか、と言って、須南君の部屋をのぞきに来たのだが、一週間ばかりして、おじさんが、荷物はあるんですかと言って確かめに来たというのであった。ところが、柳行李は空っぽだし、バスケットも空っぽだし、おまけに蒲団もないし、これだけのものを持ち出したのだから、知らない筈はないでしょうと言われて、須南君も困ったのであるが、知らなかった気がつかなかったで白ばっくれてその場を通しちゃったと須南君はぼくに話した。須南君は、一通りのことを話し終ると、ぼくみたいな者をそのままにして放って置くと、癖になって、同業者が迷惑するから、警察の手を借りて懲らしめてやるんだと、下宿では言っていたというのであった。ぼくには、その警察はどこの警察なのか見当もつかなかったが、警察ときいては、すっかりおびえてしまって、郷里へ帰り次第は何を措いても第一にこの下宿の借金を解決しなくてはなるまいとおもった。須南君は、ぼくの頼んだ旅費についてては、すぐにというわけにはいかないが、そのうちに片道ぐらいの分は引受けるからと約して帰って行った。その旅費は、大阪までの汽車賃と、大阪から郷里までの船賃で二十四、五円もあれば充分なのである。この旅費のことについては、波里さんにも、過日、頼んではみたものの、かれは、ずっと前から、ぼくには金を貸さないことに定めているらしく、たとえば、七銭貸してくれと言うと、これを喫《す》えよと言って、かれは、かれの朝日の煙草をすすめるのである。朝日という煙草は、ゴールデンバットをのみつけている口には、紙くさくてまずかった。あるとき、バットを喫いたいと言うと、これを喫えよと言って、かれは朝日を差し出すのであった。いつぞや、友人を訪ねて九段まで行きたいからと、電車賃をたのんでみたところ、九段から歩いても大したことはないよとやられて、ぼくは、駒込と九段を徒歩で往復した。もっとも、居候のくせに、煙草銭も電車賃もあったものではないかも知れないのだが、それが、居候以前からのことなのである。まして、帰郷の旅費となると、一個七銭也のバットや片道七銭の電車賃とは違うので、到底、貸してくれる見込みはないものと思いながらも、郷里へ帰りたい一心のために、波里さんにも当って見なければならなかったのである。そこで、ぼくは、郷里へ帰りたいとおもっていること、帰って家の様子を知りたいとおもっていること、その上で、将来への自分のすべてについて、考えなおしたり、出なおしたりしたいとおもっていることなど、一々話した上で、旅費のことを頼んでみたのだが、波里さんは、東京にいろよと言った。ぼくは、片道の旅費でいいのだからと帰ったらすぐに返すからと、繰り返し頼んでみたのだが、東京にいろよ一点張りで、金のことは一向見ぬふりなのであった。しかし、その旅費の心配は、須南君のおかげで要らなくなったのである。ぼくは、上京以来、落着いた気持になったのは、まさに、この時がはじめてなのであった。ぼくは、世界が明るくなって来たおもいで、詩稿の整理をしたり、「昼は空っぽである」とか「夜は妊娠である」とかいうような、その題からして自分ながら明るい感じになって来たような詩など書いたりして、帰郷の日をたのしみに待っていた。

波里さんは、相も変らず、毎日、手首をふるわせていた。かれは、洗濯屋さんだの八百屋さんだのの声が、玄関や勝手口にする時にも、ヴァイオリンを片手にして用を足したりした。

ある日の夕方、石油コンロの石油を購《あがな》いに、ぼくは、一升壜をぶらさげて、玄関へ降りたところ、丁度、そこへ、客が来た。波里さんの従兄で、保多氏夫婦なのである。保多氏は小学校の教師であった。波里さんが、一軒の家を借りたときいたので、日曜日を利用して遊びに来たというのであった。ぼくは、一寸失礼して、そのまま石油を買いに出掛けたのである。まもなく、ぼくは帰宅して、コンロに石油を入れたり薬罐をかけたりして、お茶の支度に取りかかっていた。六畳間の方が、いやにそわそわしているとおもったが、波里さんが引きとめるのもきかずに、保多氏夫婦は、あたふたと帰ってしまったのである。ぼくには、なにがなんだかさっぱりわからなかった。ただ、あたふたと帰って行ったのである。ぼくは、呆気にとられて、台所の障子を開けっ放しにしたまま、突っ立っていた。波里さんは玄関の鍵をかけると、六畳間へ引っ返しながら、ぼくに手招きをした。黙黙としているのである。行って見て、ぼくは、びっくりした。便所の襖が、開けっ放しになっていたからなのである。そればかりではなかった。あのときの、波里さんの仕種をそこに髣髴とさせて、マッチの軸が、便所の入口にいっぱい散らかっているのである。ぼくは、おっかなびっくりで、波里さんに、そっと、

またですか。ときいた。波里さんは、かぶりを振ってみせたが、まるで、便所の方を憚《はば》かるみたいな眼くばせをしてみせて、身体のかげに、小指を示したのである。ぼくの身の毛が一斉によだった。

見たんですか。ときくと、波里さんはこっくりして、保多が見たというのであった。保多氏夫婦を六畳間に通すと、すぐに便所をきかれたので、波里さんは、押入の隣り

がそうだと教えて、かれは台所へ行き、薬罐に水を入れたり、湯吞などを揃えて六畳間に戻って来たというのである。その時、丁度、保多氏も坐るところだったので、便所から出て来たのだとおもって、別に気にもしなかったのであるが、保多氏が、波里さんに、これもいっしょなのかと言って、小指を一寸示したというのである。波里さんは、それを、保多氏がふざけているのだとおもって、そんなのなんかまだまだですよと云って笑ってみせたが、では、便所にいるのは誰だということになってしまって、みんなが騒ぎ出したのだというのであった。

波里さんとぼくとは、むろん、夜明しをした。お茶を、なんども入れ替え、パンをかじり、ごはんを炊き、まだ、夜も明けないうちに掃除をした。ぼくは、波里さんに、よく、こんな家に越して来たもんですね。と言った。すると、波里さんが、ただみたいな家賃だとおもえば、お化けなんか問題でないよ、と言った。

（「無銭宿」山之口貘『新潮』昭和二十五年二月／『山之口貘全小説 沖縄から』河出書房新社、令和四年八月）

解説

志村有弘

説話とは事実あるいは事実として信じられ語り継がれてきた話である。説話の根幹をなすものは、虚構ではなく事実ということである。また、事実は小説よりも奇なり、という語が示すように、事実は小説などより遥かに意外で不可思議な内容を持つことが多い。そして、事実談には、作り物語にはない迫力がある。

本書を構成するにあたり、旧仮名遣いを新仮名遣いとし、文章を書き改めたり、意味の通りやすいように補綴した箇所もあることを断っておきたい。

本書に収録した作品は、全て事実談である。内容は明治時代以降に起こった、不可解な事件、猟奇的内容の事件を収集した。

「春吉と死霊」は、大田雄麻が「怪談　春吉と死霊」と題して、昭和十三年八月に大陸書院から上梓したものである。四六判三十二頁、薄表紙の冊子で、定価は十銭とある。この作品は冒頭部分に「春吉が経験した実話」と記し、帝大の理学部に通うKなる人物が語った話となっている。春吉の家では嫁いできた女が二十七歳でこの世を去るという奇怪な因縁があった。しかも、春吉のもとに嫁いできた阿嬌も実は十五歳のおりに夭折していた。この作品で見る限り、死霊は陰の世界に住むから、雑木林を伐採されるともはやそこに住むことは不可能となるらしい。一種、中国の『聊斎志異』の世界を連想させるものがある。春吉も亡き母の姿を見たり、黒面の鬼と言葉を交わすのだから、常人とは異なる資質を有しているらしい。

「死馬の呪い」は、青木亮の「死馬の呪ひ」として『パンフレット文藝臨時増刊号』（昭和十三年七月）に掲載された作品。同誌の表紙には「身の毛もよだつ話　実話特輯」と記されている。「死馬の呪い」は、飼い主の娘に恋した馬が、娘の婚礼の夜に出奔し谷底で死んでしまうが、やがてその死霊が娘を殺し、娘の足をくわえて走り去るという怪奇事件である。文中に「失恋した死馬の復讐」と記されているが、柳田國男の『遠野物語』を想起させるように、地方の民間伝承に取材したものであろうか。

「猫の祟り」は、猫が巻き起こす怪奇事件。この作品は、やみのくれなゐ著『踊り猫の祟り』（富貴堂書店、大正十二年六月）に収録されている。秀さんの母親に助けられた猫は、母親が死んだときも父親が死んだときも、枕元にいて人間と同じように涙を流した。猫の嫌いな叔父は気味悪がって、これは「化け猫だ」と思う。叔父の娘で、秀の妻となったお糸も猫嫌いであった。お糸は、あたかも復讐するかのような行動を示す猫に怯えて、実家に戻ってしまうのだが、遂には猫の祟りか一家は死滅してしまう。この話も、地方に伝わる伝承を背景としたものであろうか。

「闇の人形師」は、丸山茂「白蠟の肌を慕う闇の人形師」（『増刊実話』昭和三十三年四月）を改題して収録した。同誌の特集は「おんなを征服した悪魔の爪」という。掲載誌にはタイトル「白蠟の肌を慕う闇の人形師」の横に「気品かがやく清楚な華族令嬢を甘言を以て犯した上、医学的にも謎とされた副乳房をえぐって白蠟の裸像に塗りこみ、日夜、屍姦のスリルを味わっていた人形師の淫獣ぶりは正に生地獄だ」と記されているが、これは作品の梗概を必ずしも正確に記してはいない。事件が起こった時期は明治三十九年。ベンチに置かれていた女性の死体には両の乳房がなかった。こうしたところから事件は展開するのだが、副乳房、人形師の常軌を逸した死姦、身体に異常を持つ男女の不倫愛等々、凄絶な猟奇事件を伝えている。

「猟奇魔」は、今藤定長「女体を密室に詰めた猟奇魔」（『増刊実話』昭和三十三年四月）を改題して収録した。同誌に記されている作品のキャッチフレーズは「初荷と遺産で運んだ箱詰めの中からなまめかしい美人死体が現われた！」である。昭和六年四月、北海道旭川市の丸通運送支店に、一月六日に名古屋から発送された荷物が引取り人のないままに保管されていた。しかし、いつまでも保管しておくわけにはいかないから、その箱の中味を確かめることにした。中には古い綿にくるまれた女性の死体が入っていた。事件はそこから始まる。犯人は最後に大川で自裁するのだが、犯人が所持していた時計は十時四十五分を指しており、それは女を殺した時刻であるかもしれない、と記し、最後まで犯人を警察に捕縛させなかったのは、「彼を生きながら苦しめるための執念であったに違いなかった」と述べて作品を結んでいる。そこに、事件の不思議な因縁、殺害された女の「執念」を感じさせて不気味である。往年の探偵小説の味わいもたたえている。

「淫獣」も猟奇事件。この作品は、皆川五郎の「乳房を抱く一匹の陰獣」(『増刊実話』昭和三十三年四月)に拠ったもので、題名は「淫獣」と改めた。掲載誌のキャッチフレーズは「『鬼だ!』『淫獣だ!』『生きている悪魔だ!』と東海の市民を恐怖の底におとしいれた首なし事件の裏には、猟奇にまみれた男の、女に対する強い独占欲の本能がさらけ出されていたのだ!」と記されている。昭和六年二月、鶏糞小屋から首のない女の死体が発見された。犯人増淵倉吉は精神的に行き詰まり、愛する松江を殺害し、首を切断し、乳房、局部、眼球を抉り取った。最後は縊死して果てるのだが、「悪魔の戯れ」を続けた男の末路として印象的だ。また、病気でこの世を去ってゆくときの妻の表情も心に残る。

「生肝殺人事件」は、高橋清治の「生肝質入裁判」(『猟奇』昭和二十一年十月)を改

題した。事件は、明治三十八年。武田儀三郎の内縁の妻坂本芳野とその子どもが殺害された。芳野の死体から肝嚢が抉り取られていた。さらに後には、容疑者の一人と見られていたオタケ婆さんも殺害され、やはり肝嚢が取られていた。この事件を伝える筆者高橋清治の叙述には、作中に部長の説明があるものの、芳野の乳房を芳野自身と赤児の口が吸っているという場面の意味が後の事件とどのように結び付くものか、今一つ判然としない部分がある。しかし、探偵趣味と、当時のカストリ雑誌の雰囲気を充分に堪能できる一篇であることはまちがいない。

昔、悪性の瘡や言語障害、ハンセン病などに生肝が効くという俗信があった。平安時代の説話集『今昔物語集』に悪性の瘡を患った平貞盛が胎児の肝を取って治癒したという話がある。医師から胎児の肝で作った児肝《じかん》という薬が効くことを聞いて、妊婦の腹を割いて胎児の肝を取ったわけである。『今昔物語集』編者も貞盛の行為を悪として、巻第二十九の悪行の巻にこの説話を収録している。貞盛とは、平将門の乱で活躍した人物であるが、彼にはこのような陰惨な事件も伝えられているのである。また、福島県二本松所在の真弓観世寺（天台宗）に伝わる鬼女伝説も胎児の生肝にまつわる話である。安達原の岩屋に住んでいる老婆はもと公卿に仕えた人で、養育していた姫は口が不自由であり、これを治すには、妊婦の腹の中にいる胎児の生肝《いきぎも》がよいと聞いて、妊婦の訪れるのを待っていた。ようやくその機会が来て、妊婦を殺して胎児の肝を取ったものの、持っていたお守りから、妊婦が自分の娘であることを知り、狂気のあまり、鬼女と化した。やがて、歳月が流れ、宿を求めた祐慶は、所持していた観音菩薩像の力で鬼女を退治した。鬼女の遺骸を埋めた所を黒塚という。つまり、生肝が悪性の病気に効果があるという俗信は古代から存在し、『猟奇』に高橋が記した事件なども、こうした俗信を背景として起こったものといえる。

河出書房新社からは、これまで『新編百物語』『怪談実話集』などの作品を上梓した。私にとってはいずれも深い思い入れのある作品である。今回も、前二書同様、編集部の西口徹氏の御好意によって刊行されたもので、心から御礼申し上げたい。

なお、原著者の連絡先にお心当たりがある方は編集部までご一報願えると幸いです。

二〇〇九年春

志村有弘しるす

増補版解説

志村有弘

今回、河出文庫『戦前のこわい話』（二〇〇九年六月刊）を再刊するにあたり、山之口貘の小説「無銭宿」（初出は、「新潮」一九五〇年二月号。本書収録には、二〇〇二年八月・河出書房新社刊、『山之口貘全小説　沖縄から』を使用）を増補する。「無銭宿」の語り手の「ぼく」は、絵の勉強のため、上京したのだが、迎えに来るはずの友人我謝が現われず、人力車で早稲田戸塚に住む我謝の下宿を訪ねた。「ぼく」は親元から金が届かず、菊坂に下宿している同郷の友人須南のもとに入り込んだ。やがて先輩の波里が訪ねてくるようになり、「ぼく」は波里と一緒に駒込片町の荒物屋の二階に間借りする。しかし、波里はそこを追い出され、駒込中里の平屋に越した。黴のにおいだらけであったが、波里は「理想的な家だ」と言い、気に入っていた。

その家の便所の襖を開けるには、襖を持ち上げるようにしなければならないのだが、不思議なことに、襖がひとりでに開いた。波里の従兄の保多夫妻が遊びに来たけれど、あたふたと帰っていった。保多氏が波里に「これもいっしょなのか」と言って「小指を一寸示した」というのだから、便所にいたのは女性の姿をしていたのであろう。マッチ棒が便所の入口いっぱいに散らかっていた、というのもその場の不気味な情景を盛り上げる。

保多氏が見た人は、いったい誰であったのか。末尾に、ぼくが「よく、こんな家に越してきたもんですね」と言うと、波里が「ただみたいな家賃だとおもえば、お化けなんか問題でないよ」という言葉が、作者・山之口貘の人生哲学を反映しているようで、面白い。波里の言葉はともかく、「無銭宿」は、読者にも真相は何であるのか、考えさせるようにされていて、それが一層作品の奥深さを示しており、ひとつの見事な怪奇小説となっている。

佐藤春夫が山之口貘を「放浪三昧」(佐藤が山之口を描いた小説が「放浪三昧」、一九三三年)と称したように、貘は〈放浪の詩人〉という印象が強い。しかし、金子光晴が貘の詩集『鮪に鰯』(原書房、一九六四年)の序で「貘さんは第一級の詩人で、その詩は従って第一流の詩である」と激賞していることを忘れてはならない。

山之口貘(本名・山口重三郎)は、一九〇三年(明治三十六年)、沖縄県那覇区東町大門前に生まれ、沖縄県立第一中学校に学んだが、中学時代の十五歳のときに下級生の姉と恋に落ち、それから詩を書き始めたというが、十七歳のときには友人と詩誌を作るなど、少年時代から文学に強い関心を抱いていた。

大正十一年秋に上京し、早稲田戸塚の日本美術学校に入ったけれど、一か月で退学し、本郷絵画研究所で絵の勉強をすることにした。しかし、約束していた父からの送金がなく、放浪状態となる。

大正十二年（二十歳）、徴兵検査を受け、第二補充兵に合格。九月、関東大震災に遭い、罹災者恩典で、一時帰省できたものの、父が鰹節製造の事業に失敗し、家族は四散し、貘は許婚の女性から「棄てられ、その上、二度目の恋愛にも破れ」、「かうした環境が、ぼくの放浪」を決定し、「詩にかぢりついて生きたくなつた」（「自伝」。以下、山之口貘作品の引用は講談社文芸文庫『山之口貘詩文集』、一九九九年刊による）と述べている。それでも、詩才があるため、帰郷直前に詩誌「抒情詩」に懸賞金目当てで投稿した作品が、佳作となっている。

大正十四年（一九二五）十月、二度目の上京。〈山之口貘〉の筆名を使うようになったのは、諸説があるけれど、大正十四年頃からであるらしい。

大正十五年、銀座の書籍問屋東海堂書店発送部に住み込みで働き、以後、墨田川のダルマ船の鉄屑運搬助手、汲み取り屋等々、職を転々とした。土管・ベンチ・ボイラー室などがねぐらで、上京の日から何年間も、畳の上で寝たことがなかったという。残された詩集を見ると、貧乏・金・放浪が作品の基調となっていることに気付く。

「年越の詩《うた》」（『鮪に鰯』所収）は「詩人というその相場が／すぐに貧乏と出てくるのだ／ざんねんながらぼくもぴいぴいなので／その点詩人の資格があるわけで／至るところに借りを作り／（中略）／詩人としてはまるで／貧乏ものとか借金ものとか／質屋ものとかの専門みたいな／詩人なのだ／（下略）」という作品。

貧乏・放浪が基調とはいえ、その詩はどこまでも明るい。それがまた、山之口貘人気の理由のひとつなのであろう。

貘の筆名は、むろん、夢を食べる動物の貘に因むもの。「貘」（『鮪に鰯』所収）と題する詩は、「悪夢はバクに食わせろと／むかしも云われているが／夢を食って生きている動物として／バクの名は世界に有名なのだ／ぼくは動物博覧会で／はじめてバクを見たのだが／（中略）／ところがその夜ぼくは夢を見た／飢えた大きなバクがのっそりあらわれて／この世に悪夢があったとばかりに／原子爆弾をぺろっと食ってしまい／水素爆弾をぺろっと食ったかとおもうと／ぱっと地球が明かるくなったのだ」と記す。これは、一つの反戦詩と読むことができる。

貘は、淵上喬（毛錢）と一九二九年（昭和四年）に知り合い、終生、親交を結ぶ。毛錢の処女詩集『誕生』が、昭和十八年、詩文学研究会から出版されたが、貘がその詩集の序で、「詩が鳴つた」と書いたのは有名だ。そして、「毛錢の詩はおもしろい。あかるく澄んでいて、澄んでいるくせにおもしろいのだ」と記している。詩人の資質とは別に、貘が鋭く優れた批評眼の持ち主であったことを知る。「あかるく」「澄んでいる」のは、貘の詩の世界にも共通する。ふたりは親交を結び続ける。そういえば、毛錢の詩にも貘の詩にもどことなく童話的手法を感じる。

毛錢は、結核性の右股関節カリエスで、病床で詩活動を行っていた。毛錢が没したのは、一九五〇年（昭和二十五年）三月九日。享年三十六歳。死に際し、「賃借りの片道さえも十万億土」の句を残したという。墓標には「生きた 臥た 書いた」と刻され、原田種夫は「病臥不動の十数年、多くの優れた詩を書き病床にあって青年文化会議を起して采配を揮った毛錢は、健康人の十倍の仕事をしている。その声は、永く日本近代詩の上に残るだろう」（『西日本文壇史』、文画堂、昭和三十三年）と激賞している。

毛錢の「花乞食」という作品は、「九州文學」昭和十五年二月号に発表されたもの。「い、／お天気さまだ／泣きたくなりさうだ／笑つてるよ　乞食が／ちよつとだけ／かなしいのだ　人間が／それはね／むつかしいはなしだ／乞食は／花や花を食べるとい、／それでも／ひだるけりや／神さまが／愛といふものを下さる／明日の太陽が／ほしいなら／愛なんて／たべちまへ」（引用は、緒方昇・菊地康雄・犬童進一編『淵上毛錢全集』、国文社、昭和四十七年刊による）

「ひだるい」は空腹の意であるが、どことなく、貘の詩風と似ているのを感じるではないか。

黒田達也は『西日本戦後詩史』(西日本新聞社、昭和六十二年)で、山之口貘について「貘の詩は生活のにおいが滲んでいる。平明な自然な言葉で表現する。全く力むところがない。しかし一編を書くのに原稿紙一〇〇枚を超えるほど推敲した詩もあるという」と記している。

山之口貘は、毛銭が自分の筆名について、「戦争と病気はもうせんでもいいのだと云って、しかし、実際は、芋銭を尊敬するのあまりもじったのだ」と知らせて来たと伝えている。確かに、河童の画家小川芋銭と淵上毛銭の作品は絵と詩の相違があるとはいえ、一脈通じるものがある。一見、おどけた表現の裏に作者の深い孤独感と悲しみが存在するように思う。

貘は、詩集『思辨の苑』(むらさき出版部、一九三八年)所収の「自己紹介」の中で、「僕ですか?/これはまことに自惚れるやうですが/びんぼうなのであります。」と書いている。いかにも貘らしい作品。

茨木のり子の『貘さんがゆく』(童話屋、一九九九年)は、随所に貘の詩を示しながら、貘の人柄、作品の特色を綴った見事な作品である。その中で、「自分の気質に忠実に、あくまで一匹狼をつらぬきとおした、強さと聡明さが、貘さんの詩を、いつまでも風化させない原因なのかもしれません」と述べている。また、山之口貘は他界する二日前、晩年の友・周郷博（お茶の水女子大学教授）に「周郷さん、ぼくはね、詩人としてきたえた魂で生きてきたんだよ」と語ったことも伝えている。これは詩人としての貘の誇りを示すもの。

山之口貘の人柄と文学は、いまなお時代を越えて、多くの人から敬愛されている。

付記　本書の初刊『戦前のこわい話　近代怪奇実話集』は、二〇〇九年六月に河出文庫の一冊として刊行されたものです。このたび、山之口貘「無銭宿」が増補されて新しく刊行されることになりました。振り返りますと、私自身が河出書房新社でお世話になった本として、ちょうど十冊目ということになります。いずれも編集部の西口徹氏の企画・編集によるもので、改めて、西口氏に衷心より感謝申し上げます。

二〇二三年春

志村有弘しるす

＊本書は、二〇〇九年六月、小社刊の『戦前のこわい話』に、
山之口貘「無銭宿」を追加収録した増補新装版です。

戦前《せんぜん》のこわい話《はなし》〈増補版《ぞうほばん》〉
怪奇《かいき》実話《じつわ》集《しゅう》

二〇〇九年 六 月二〇日 初版発行
二〇二三年 六 月一〇日 増補版初版印刷
二〇二三年 六 月二〇日 増補版初版発行

編 者 志村有弘《しむらくにひろ》
発行者 小野寺優
発行所 株式会社河出書房新社
〒一五一―〇〇五一
東京都渋谷区千駄ヶ谷二―三二―二
電話〇三―三四〇四―八六一一（編集）
〇三―三四〇四―一二〇一（営業）
https://www.kawade.co.jp/

ロゴ・表紙デザイン 粟津潔
本文フォーマット 佐々木暁
本文組版 KAWADE DTP WORKS
印刷・製本 中央精版印刷株式会社

Printed in Japan ISBN978-4-309-41971-8

江戸の都市伝説　怪談奇談集

志村有弘〔編〕　41015-9

あ、あのこわい話はこれだったのか、という発見に満ちた、江戸の不思議な都市伝説を収集した決定版。ハーンの題材になった「茶碗の中の顔」、各地に分布する飴買い女の幽霊、「池袋の女」など。

山峡奇談

志村有弘〔編訳〕　41729-5

古代から近代まで、諸国の山野に伝わる怪異譚、不思議な話、奇妙な話を多数蒐集し、現代語訳でお届けする。僧や、旅人、木こり、山人など、登場人物も多彩。知られざる話もまた多数収録。

実話怪談　でる場所

川奈まり子　41697-7

著者初めての実話怪談集の文庫化。実際に遭遇した場所も記述。個人の体験や、仕事仲間との体験など。分身もの、事故物件ものも充実。書くべくして書かれた全編恐怖の28話。

日本怪談集　奇妙な場所

種村季弘〔編〕　41674-8

妻子の体が半分になって死んでしまう家、尻子玉を奪いあう河童……、日本文学史に残る怪談の中から新旧の傑作だけを選りすぐった怪談アンソロジーが、新装版として復刊！

日本怪談集　取り憑く霊

種村季弘〔編〕　41675-5

江戸川乱歩、芥川龍之介、三島由紀夫、藤沢周平、小松左京など、錚々たる作家たちの傑作短篇を収録。科学では説明のつかない、掛け値なしに怖い究極の怪談アンソロジーが、新装版として復刊！

見た人の怪談集

岡本綺堂 他　41450-8

もっとも怖い話を収集。綺堂「停車場の少女」、八雲「日本海に沿うて」、橘外男「蒲団」、池田彌三郎「異説田中河内介」など全十五話。

世界怪談名作集　信号手・貸家ほか五篇

岡本綺堂〔編訳〕　46769-6

綺堂の名訳で贈る、古今東西の名作怪談短篇集。ディッケンズ「信号手」、リットン「貸家」、ゴーチェ「クラリモンド」、ホーソーン「ラッパチーニの娘」他全七篇。『世界怪談名作集　上』の改題復刊。

世界怪談名作集　北極星号の船長ほか九篇

岡本綺堂〔編訳〕　46770-2

綺堂の名訳で贈る、古今東西の名作怪談短篇集。ホフマン「廃宅」、クラウフォード「上床」、モーパッサン「幽霊」、マクドナルド「鏡中の美女」他全十篇。『世界怪談名作集　下』の改題復刊。

イギリス怪談集

由良君美〔編〕　46491-6

居住者が次々と死ぬ家、宿泊者が連続して身投げする蒸気船の客室、幽霊屋敷で見つかった化物の正体とは——。怪談の本場イギリスから傑作だけを選んだアンソロジーが新装版として復刊！

ロシア怪談集

沼野充義〔編〕　46701-6

急死した若い娘の祈禱を命じられた神学生。夜の教会に閉じ込められた彼の前で、死人が棺から立ち上がり……ゴーゴリ「ヴィイ」ほか、ドストエフスキー、チェーホフ、ナボコフら文豪たちが描く極限の恐怖。

アメリカ怪談集

荒俣宏〔編〕　46702-3

ホーソーン、ラヴクラフト、ルイス、ポオ、ブラッドベリ、など、開拓と都市の暗黒からうまれた妖しい魅力にあふれたアメリカ文学のエッセンスを荒俣宏がセレクトした究極の怪異譚集、待望の復刊。

ドイツ怪談集

種村季弘〔編〕　46713-9

窓辺に美女が立つ廃屋の秘密、死んだはずの男が歩き回る村、知らない男が写りこんだ家族写真、死の気配に覆われた宿屋……黒死病の記憶のいまだ失せぬドイツで紡がれた、暗黒と幻想の傑作怪談集。新装版。

ラテンアメリカ怪談集

ホルヘ・ルイス・ボルヘス他　鼓直〔編〕　46452-7

巨匠ボルヘスをはじめ、コルタサル、パスなど、錚々たる作家たちが贈る恐ろしい15の短篇小説集。ラテンアメリカ特有の「幻想小説」を底流に、怪奇、魔術、宗教など強烈な個性が色濃く滲む作品集。

ボルヘス怪奇譚集

ホルヘ・ルイス・ボルヘス　アドルフォ・ビオイ＝カサーレス　柳瀬尚紀〔訳〕　46469-5

「物語の精髄は本書の小品のうちにある」（ボルヘス）。古代ローマ、インド、中国の故事、千夜一夜物語、カフカ、ポオなど古今東西の書物から選びぬかれた九十二の短くて途方もない話。

フランス怪談集

日影丈吉〔編〕　46715-3

奇妙な風習のある村、不気味なヴィーナス像、死霊に憑かれた僧侶、ミイラを作る女たち……。フランスを代表する短編の名手たちの、怪奇とサスペンスに満ちた怪談を集めた、傑作豪華アンソロジー。

東欧怪談集

沼野充義〔編〕　46724-5

西方的形式と東方的混沌の間に生まれた、未体験の怪奇幻想の世界へようこそ。チェコ、ハンガリー、マケドニア、ルーマニア……の各国の怪作を、原語から直訳。極上の文庫オリジナル・アンソロジー！

中国怪談集

中野美代子／武田雅哉〔編〕　46492-3

人肉食、ゾンビ、神童が書いた宇宙図鑑、中華マジックリアリズムの代表作、中国共産党の機関誌記事、そして『阿Q正伝』。怪談の概念を超越した、他に類を見ない圧倒的な奇書が遂に復刊！

エドワード・ゴーリーが愛する12の怪談　憑かれた鏡

ディケンズ／ストーカー他　E・ゴーリー〔編〕　柴田元幸他〔訳〕　46374-2

典型的な幽霊屋敷ものから、悪趣味ギリギリの犯罪もの、秘術を上手く料理したミステリまで、奇才が選りすぐった怪奇小説アンソロジー。全収録作品に描き下ろし挿絵が付いた決定版！　解説＝濱中利信

澁澤龍彥訳 幻想怪奇短篇集

澁澤龍彥〔訳〕 41200-9

サド、ノディエ、ネルヴァルなど、フランス幻想小説の系譜から、怪奇・恐怖・神秘を主題に独自に選んだ珠玉の澁澤訳作品。文庫初の『共同墓地』（トロワイヤ）全篇収録。

澁澤龍彥訳 暗黒怪奇短篇集

澁澤龍彥〔訳〕 41236-8

珠玉のフランス短篇小説群をオリジナル編集。『澁澤龍彥訳 幻想怪奇短篇集』の続編。シュペルヴィエル『ひとさらい』のほか、マンディアルグやカリントンなど、意表を突く展開と絶妙な文体の傑作選。

契丹伝奇集

中野美代子 41839-1

変幻自在な暗殺者、宋と現代日本とを流転する耀変天目、滅びゆく王国の姿を見せぬ王と大伽藍、砂漠を彷徨う二人の男……中国・中央アジアを舞台に、当代きっての中国文化史家が織りなす傑作幻想小説集。

十二神将変

塚本邦雄 41867-4

ホテルの一室で一人の若い男が死んでいた。所持していた旅行鞄の中には十二神将像の一体が……。秘かに罌粟を栽培する秘密結社が織りなすこの世ならぬ秩序と悦楽の世界とは？　名作ミステリ待望の復刊！

紺青のわかれ

塚本邦雄 41893-3

失踪した父を追う青年、冥府に彷徨いこんだ男と禁忌を破った男、青に溺れる師弟、蠢く与那国蚕——愛と狂気の世界へといざなう十の物語。現代短歌の巨星による傑作短篇集、ついに文庫化。

菊帝悲歌

塚本邦雄 41932-9

帝王のかく閑かなる怒りもて割く新月の香のたちばなを——新古今和歌集の撰者、菊御作の太刀の主、そして承久の乱の首謀者。野望と和歌に身を捧げ隠岐に果てた後鳥羽院の生涯を描く、傑作歴史長篇。

婆沙羅／室町少年倶楽部

山田風太郎　41770-7

百鬼夜行の南北朝動乱を婆沙羅に生き抜いた佐々木道誉、数奇な運命を辿ったクジ引き将軍義教、奇々怪々に変貌を遂げる将軍義政と花の御所に集う面々。鬼才・風太郎が描く、綺羅と狂気の室町伝奇集。

黒衣の聖母

山田風太郎　日下三蔵〔編〕　41857-5

「戦禍の凄惨、人間の悲喜劇　山風ミステリはこんなに凄い！」――阿津川辰海氏、脱帽。戦艦で、孤島で、焼け跡で、聖と俗が交錯する。2022年生誕100年、鬼才の原点！

赤い蠟人形

山田風太郎　日下三蔵〔編〕　41865-0

電車火災事故と人気作家の妹の焼身自殺。二つの事件を繋ぐ驚愕の秘密とは。表題作の他「30人の３時間」「新かぐや姫」等、人間の魂の闇が引き起こす地獄を描く傑作短篇集。

十三角関係

山田風太郎　41902-2

娼館のマダムがバラバラ死体で発見された。夫、従業員、謎のマスクの男ら十二人の誰が彼女を十字架にかけたのか？　酔いどれ医者の名探偵・荊木歓喜が衝撃の真相に迫る、圧巻の長篇ミステリ！

帰去来殺人事件

山田風太郎　日下三蔵〔編〕　41937-4

驚嘆のトリックでミステリ史上に輝く「帰去来殺人事件」をはじめ、「チンプン館の殺人」「西条家の通り魔」「怪盗七面相」など名探偵・荊木歓喜が活躍する傑作短篇８篇を収録。

心霊殺人事件

坂口安吾　41670-0

傑作推理長篇「不連続殺人事件」の作家の、珠玉の推理短篇全十作。「投手殺人事件」「南京虫殺人事件」「能面の秘密」など、多彩。「アンゴウ」は泣けます。

復員殺人事件

坂口安吾　41702-8

昭和二十二年、倉田家に異様な復員兵が帰還した。その翌晩、殺人事件が。五年前の轢死事件との関連は？　その後の殺人事件は？　名匠・高木彬光が書き継いだ、『不連続殺人事件』に匹敵する推理長篇。

黒死館殺人事件

小栗虫太郎　40905-4

黒死館を襲った血腥い連続殺人事件の謎に、刑事弁護士法水麟太郎がエンサイクロペディックな学識を駆使して挑む。本邦三大ミステリの一つ、悪魔学と神秘科学の一大ペダントリー。

二十世紀鉄仮面

小栗虫太郎　41547-5

九州某所に幽閉された「鉄仮面」とは何者か、私立探偵法水麟太郎は、死の商人・瀬高十八郎から、彼を救い出せるのか。帝都に大流行したペストの陰の大陰謀が絡む、ペダンチック冒険ミステリ。

人外魔境

小栗虫太郎　41586-4

暗黒大陸の「悪魔の尿溜」とは？　国際スパイ折竹孫七が活躍する、戦時下の秘境冒険ＳＦファンタジー。『黒死館殺人事件』の小栗虫太郎、もう一方の代表作。

法水麟太郎全短篇

小栗虫太郎　日下三蔵〔編〕　41672-4

日本探偵小説界の鬼才・小栗虫太郎が生んだ、あの『黒死館殺人事件』で活躍する名探偵・法水麟太郎。老住職の奇怪な死の謎を鮮やかに解決する初登場作「後光殺人事件」より全短篇を収録。

絶対惨酷博覧会

都筑道夫　日下三蔵〔編〕　41819-3

律儀な殺し屋、凄腕の諜報員、歩く死体、不法監禁からの脱出劇、ゆすりの肩がわり屋……小粋で洒落た犯罪小説の数々。入手困難な文庫初収録作品を中心におくる、都筑道夫短篇傑作選。

カチカチ山殺人事件

伴野朗／都筑道夫／戸川昌子／高木彬光／井沢元彦／佐野洋／斎藤栄　41790-5

カチカチ山、猿かに合戦、舌きり雀、かぐや姫……日本人なら誰もが知っている昔ばなしから生まれた傑作ミステリーアンソロジー。日本の昔ばなしの持つ「怖さ」をあぶり出す７篇を収録。

ハーメルンの笛吹きと完全犯罪

仁木悦子／角田喜久雄／石川喬司／鮎川哲也／赤川次郎／小泉喜美子／結城昌治 他　41789-9

白雪姫、ハーメルンの笛吹き、みにくいアヒルの子……誰もが知っている世界の童話や伝説から生まれた傑作ミステリーアンソロジー。昔ばなしが呼び覚ます残酷な罠！　８篇を収録。

そこにいるのに

似鳥鶏　41820-9

撮ってはいけない写真、曲がってはいけないＹ字路、見てはいけないＵＲＬ、剝がしてはいけないシール……怖い、でも止められない。本格ミステリ界の旗手による初のホラー短編集。

文豪たちの妙な話

山前譲〔編〕　41872-8

夏目漱石、森鷗外、芥川龍之介など日本文学史に名を残す10人の文豪が書いた「妙な話」を集めたアンソロジー。犯罪心理など「人間の心の不思議」にフォーカスした異色のミステリー10篇。

横溝正史が選ぶ日本の名探偵　戦前ミステリー篇

横溝正史〔編〕　41895-7

ミステリー界の大家・横溝正史が選んだ、日本の名探偵が活躍する短篇９篇を収めたミステリー入門にも最適のアンソロジー【戦前篇】。探偵イラスト＆人物紹介つき。

横溝正史が選ぶ日本の名探偵　戦後ミステリー篇

横溝正史〔編〕　41896-4

ミステリー界の大家・横溝正史が選んだ、日本の名探偵が活躍する短篇10篇を収めたミステリー入門にも最適のアンソロジー【戦後篇】。探偵イラスト＆人物紹介つき。